世界へ挑め!

いま、日本人が
海外で戦う
ために必要な
40の発想

徳重 徹
テラモーターズ代表取締役

フォレスト出版

「いつから日本はこんなにも自信を失ってしまったのか」

と思っている、すべての人へ。

はじめに

自信を失い萎縮した日本人だが世界で戦う資質はいまなお、十分に持っている

「アップルを超える企業になる」

テラモーターズのオフィスには創業以来、この言葉が掲げられている。

アップルというのはもちろん、ｉＰｏｄ、ｉＰａｄ、ｉＰｈｏｎｅと次々画期的な商品を提供し、世界中の人のライフスタイルを変え、時価総額世界最高を誇るあの企業

のことだ。

一方、当社は二〇一〇年に創業したばかりで社員は現在一六名。本社は東京・渋谷の雑居ビルにあるレンタルオフィス。企業規模だけみれば、まさに月とすっぽんもいいところだ。何を夢みたいなことをいっているのだと思うかもしれない。

しかし、アップルだってその第一歩を踏み出したのは自宅のガレージではなかったか。


私は、この四畳半ほどのスペースからスタートしたテラモータースを、近い将来、必ず電動バイク界のアップルに育て上げるつもりだ。

すでに、創業二年目には約三〇〇〇台を売り、ヤマハ発動機やホンダといったビッグネームを追い越して、国内の電動バイクメーカーのトップとなった。ちなみに三年目の二〇一二年度は、約四〇〇〇台の販売を見込んでいる。

だが見据えているのは、国内のシェア争いではない。その先のもっと大きなビッグビジネスだ。メガベンチャーへの足がかりといえる、フィリピン、ベトナムといったアジア諸国への進出なのである。

バイクメーカーの経営者というと、若いころから二輪を乗り回していた走り屋や、機械いじりの好きなエンジニアを想像する人が多いだろう。だが、私はどちらにも当てはまらない。バイクには取り立てて思い入れもなかったし、ベンチャーの世界に入る前は、損害保険会社のビジネスマンだった。

そんな私が、なぜ電動バイクを開発しているのか。

それは、電動バイクこそが世界で勝負できる製品であり、日本からメガベンチャーを誕生させる大きなチャンスがEV（電気自動車）業界には、あると確信したからだ。

世界で勝てるメガベンチャーを日本に立ち上げ、「無理だ」「世界では勝てっこない」という日本人の萎縮《いしゅく》したメンタリティを一八〇度変更する。

これこそが、私の起業の最終的な目的なのである。

なぜ日本は閉塞感に包まれているか

私が、日本発のメガベンチャーをつくり、日本人のメンタリティを変えたいと思うきっかけは、シリコンバレーでの経験だった。

私は二九歳のとき、それまで勤めていた会社に辞表を出した。

年功序列

挑戦や冒険よりミスをしないことを評価する

前例踏襲

事なかれ主義……

そういう日本的な習慣や体質が、私にはどうにも馴染《なじ》めなかった。しかし、ここにずっといれば、自分が嫌悪している体質にいずれ自分も染まってしまうだろう。それがどうにも許せなかったのだ。

人生をリセットして、もう一度ゼロからやり直そう。

そう決意すると、私はアメリカに渡り、ＭＢＡ取得後、シリコンバレーでベンチャー支援を開始した。以後五年にわたって、仕事を通じてシリコンバレーのスタイルを身につけていったのである。

シリコンバレーには、日本人のように、大企業に入れば一生安泰で幸せな人生が送れると思っているような人間は、一人もいなかった。

誰もが、自分もスティーブ・ジョブズやマーク・ザッカーバーグになれると本気で信じ、アイデアをメモし、それをビジネスモデルに落とし込み、投資家への売り込みに余念がない。そして、毎日のように新しいベンチャー企業が生まれている。

希望に燃える人々の熱意や意気込みがオフィスに満ちあふれ、日本の会社で毎日のように感じていた息苦しさや不完全燃焼な仕事への苛立《いらだ》ちは、ここではどこを探しても見つからない。

私は日々、自問した。
この違いはいったいどこから来るのだろう。

そして、思い至った。
要するに、日本には成功事例が少なすぎるのだ。

アップル、グーグル、オラクル、インテル、フェイスブック、ヤフー……。

シリコンバレーには、世界的なビッグカンパニーの本社が軒を連ねている。しかも、そのほとんどがこの地で産声を上げたベンチャー企業だ。

アップルやグーグルの誕生から現在までの軌跡を、シリコンバレーの住人は間近に目にしてきている。だから、ジョブズやセルゲイ・ブリンらがそれをどうやって成し遂げたかもわかっているし、彼らにできたのだから自分たちにだってできないはずがないという気にも自然となれるのだ。


日本はどうだろう。じつは、日本からも、松下幸之助や盛田昭夫といったアントレプレナーが何人も出ているのである。

しかし、それはいまから半世紀も前のことだ。現代のビジネスパーソンがリアリティを感じられるはずもない。

彼らにとってのリアルは、バブル崩壊後の失われた二〇年の間に醸成された閉塞感、そして中国、韓国、台湾などの新興国に次々と追い抜かれていく劣等感のほうなのである。

私は、日本の企業もビジネスパーソンも、決して捨てたものではないと思っている。いや、それどころか、世界市場で戦えるだけの実力は、いまもって十分にあるといっても過言ではない。

それなのに、世界で勝てない。

自信がないからみな萎縮して、力を発揮できないでいるのである。

だからこそ、誰かが「野茂」にならなければならないのだ。

日本が再び輝くために

一九九五年、野茂英雄がメジャーリーグに挑戦することを決めると、日本の球界関係者やメディアは彼の行動をいっせいに非難した。

ルールに従え。分をわきまえろ。日本人なら日本球界のために尽くすべきだ。無謀なことをしたって成功するはずがない。

当初はそういう声ばかりが目立った。

ところが野茂は、入団したロサンゼルス・ドジャースでいきなり一三勝し二三六の三振を奪い、新人王と最多奪三振王に輝く。以後、評価は一変した。彼はその名のとおり日本の英雄となった。

現在では、何人もの日本人選手がメジャーリーグでプレーしている。あのとき野茂が体を張って道を切り拓いたからである。逆にいえば、もしあそこで野茂がハードルの高さに尻込みして行動を起こさなければ、私たちがイチローや松井秀喜やダルビッシュの活躍をみることはできなかったのだ。

同じ日本人が世界という舞台で活躍する姿をみれば、それに刺激を受け、あとに続く人間が必ず現れる。すると、さらにそれをみて、われもわれもと新たな挑戦者の輪が広がっていく。そういう好循環が起こればしめたものだ。世界は日本人の底力にあらためて一目置くようになり、日本人は失われた自信を取り戻し、この国は再び活気に包まれるようになるだろう。

野球やサッカーのようなスポーツ界は、すでにそうなりつつある。だが、ビジネス界にはまだ野茂のような牽引者《けんいんしゃ》が、残念ながら見当たらない。

だったら、私が、その役目を引き受けようじゃないか。


そう宣言して広げた大風呂敷の中身を知りたいという人は、ぜひ本書を読んでいただきたい。


本書では、私がこれまでシリコンバレーや東南アジアで見聞きし、体験してきた結果手に入れた、「世界で戦うために必要な考え方」を、包み隠さず披露するつもりだ。

これからのビジネスは大手もベンチャーも世界市場を無視して、生き残ることは困難だろう。

それなのに、いま日本でいわれている「グローバル」の認識は間違いだらけだ。

私はこれまで得た経験から、日本人に世界での戦い方を伝え、私たち日本人の思考を歪め、「そんなことは無理だ」「自分にできるはずがない」という気持ちにさせている、目にみえないガラスの天井を叩き壊していきたい。

天井のない人間を、この国ではクレイジーと呼ぶ。
私は、この本を読んで、多くの人にクレイジーになってもらいたい。
時代を変え、歴史をつくってきたのは、いつだって情熱と狂気を持つ人間だからだ。

では、大風呂敷の続きを始めよう。

目次

はじめに　2

第1章

「仕事」の枠を打ち破れ
――頼るべきは会社ではなく自分――　19

01 君は仕事に胸を躍らせているか　21

02 目の前の「安定」を疑ってみる　25

03 小は大に勝てないという考えを捨てる　30

04 新しい経営資源〝スピード〟の価値を知る　33

05 「技術」にこだわるのは日本だけ　41

06 「自分には無理」というみえない天井を叩き壊す　45

07 「失敗からは多くのことが学べる」という感覚を持つ　50

08 大企業の社員にも不可欠な起業家精神 53

第2章 「成長」の枠を打ち破れ

―挑戦しないことこそ最大のリスク― 59

09 「指示待ち人間」を脱するための考え方 61
10 将来何で食べていくのか常に考える 64
11 加速度的成長のためには能力以上のことをやる 68
12 失敗を成長機会ととらえる 75
13 リスクのプラス面にも目を向ける 81
14 パッションとロジックのバランスこそが最も大切 86
15 サムシング・ニューを常に探しているか 90

16 「人脈」は挑戦者にこそ集まる 95
17 プロのアントレプレナーを育てる 100

第3章 「企業」の枠を打ち破れ
—私が「世界で戦う会社」をつくった経験— 105

18 モチベーションを持続させる方法 107
19 胆力と交渉力は窮地のなかでしか身につかない 110
20 得意なことより心からやりたいこと 114
21 信用を得るためには「信用されている人」のところへ行く 119
22 〇・五%の優秀な人材のために成長の場を用意する 123
23 海外で勝つには「最小限を最短で」 127

24 アジアでは会社の規模より「ビジョン」が評価される 133
25 海外の資金調達には戦略が不可欠 136
26 変革期のリーダーには仮説を捨てる覚悟が必要 139
27 冠詞を「a」か「the」か気にするのをやめる 142
28 戦略の軌道修正は「歴史」と「世界」に学ぶ 147

第4章 「国境」の枠を打ち破れ ―世界で勝てる本物のグローバル人材― 151

29 世界のことは頭だけでは決してわからない 153
30 日本の駐在員が現地で人脈をつくれない理由 158
31 最初から世界市場を狙う 162

32 ＭＢＡを取るなら必ず海外で 168
33 英語は文法よりコンテンツと情熱を伝える 173
34 権限の委譲が人材を育てる 178

第5章 「人生」の枠を打ち破れ
—親の期待に縛られるな— 183

35 本との出会いで人生は変わる 185
36 ホンダ、ソニーへの憧れ 189
37 私が大企業に就職し、辞めた理由 193
38 父親との絶縁と決意 198
39 シリコンバレーでみえた自分の使命 204

40 テラモーターズの目指す未来 210
【コラム】テラモーターズ社員インタビュー 216
おわりに 228

第1章

「仕事」の枠を打ち破れ

―頼るべきは会社ではなく自分―

「仕事は楽しいですか？」

日本の大手企業に働く人にそう尋ねたら、いったいどれくらいの人が躊躇《ちゅうちょ》なく「イエス」と答えるだろう。

おそらく、その割合は半分よりかなり小さいはずだ。実際、大企業に就職した同級生たちと話をしても、彼らの口から出てくるのは職場の愚痴と将来に対する不安ばかり。仕事がおもしろくて毎日会社に行くのが待ち遠しいというような人には、残念ながらほとんど会ったことがない。私が新卒で入った大手金融機関でも、大半の社員からは「やりがい」や「ワクワク感」のようなものは感じられなかった。

私はまず、あなたに、自らの「仕事」の枠を疑ってほしいと思う。「安定」や「大企業」というイメージに凝《こ》り固まっていないだろうか。

仕事というのは、あなたが考えている以上に、ワクワク、ドキドキするもので、そこには必ず胸を躍らせる発見があるのだ。

01
君は仕事に胸を躍らせているか

日本の会社でも入社三年目くらいまでは、わりあい多くの人が仕事に対し情熱的に取り組んでいるようにみえる。

ただ、そこから先も情熱を持ち続けるのは、難しい。

頑張っている人には次々と、新たな成長機会となるような仕事を与える健全なシステムが、日本の一般的な企業には用意されていないのだから無理もない。

そうすると、もっと刺激的な仕事をしたいと、会社を飛び出す人も出てくるが、大部分は現実を受け入れ、なるべくエネルギーを使わずに、与えられた仕事をそつなくこなす先輩たちと同じようなサラリーマンになっていくのである。

そこそこ働いて人並み以上の給料がもらえればそれでいいという考え方だって、それで本人が満足しているなら、私がどういうべきことではないのかもしれない。

だが、シリコンバレーで若者たちが嬉々《きき》としながら仕事に取り組む姿を目《ま》の当たりにし、自分自身もベンチャーでエキサイティングな日々を送っている身としては、**力を出し切らない不完全燃焼の働き方というのはどうにも不健康**だといわざるを得ない。

もっとはっきりいおう。

もし**仕事というのはつまらないものだとか、ワクワク、ドキドキするようなことなんて、働いていてそうそう起こるはずがないと思っているなら、それは間違いだ。**

新しいことに挑戦すれば、必ずそこには胸を躍らせる発見がある。悪戦苦闘のすえに高い壁を乗り越え、昨日までできなかったことができるようになっている自分に気づくのは、たまらなくうれしい。そういう機会を与えてくれるのが仕事なのである。

また、**苦しくてもその苦しみが自分を成長させてくれるという実感は、人生に充実感をもたらしてくれる。**

当社は一年目、二年目の若い社員にも、山のような課題を与え、責任を負わせるので、みな連日ヒーヒーいいながら取り組んでいる。しかしそれでも他の会社の社員より生き生きしてみえるのは、まさに春先の筍《たけのこ》のように、日に日に目にみえる速度で成長していることが、自分で手にとるようにわかるからだ。

仕事とはどんなときにおもしろさを感じるのかといったら、忙しくてもすべての仕事が自分の成長に直接つながるときなのだ。

日本では、優秀な学生ほど大企業への就職を志向する傾向が強い。だが、あとで後悔したくないならば、盲信的に会社を選ぶ前に、その仕事が本当にワクワクしながら働けるのかどうか一歩立ち止まって自分に問い直すことが大切なのである。

高い壁を乗り越えて、昨日までできなかった
ことができるようになっている自分に気づくのは、
たまらなくうれしい。
そういう機会を与えてくれるのが
仕事なのである。

02
目の前の「安定」を疑ってみる

大学生の就職先人気企業ランキングの上位を占めるのは、毎年、三菱東京ＵＦＪ銀行やＪＴＢといった大企業と相場が決まっている。

理由はわからなくもない。親も名前を知らない中小企業よりも、知名度も社会的評価も高い大企業に入ったほうが、安定して充実した人生が送れると、彼らは思っている。大企業信仰とはつまり、安定志向の表れだ。

だが、その選択は本当に安定につながっているのだろうか。

パナソニック、シャープ、ソニーといえば、わが国を代表する大手家電メーカーだ。ところが、二〇一二年三月の決算で、それらの企業は軒並み赤字を計上した。現在電機業界では大手を中心に、約一三万人ものリストラが進められている。

かつて液晶分野で断トツのトップを走っていたソニーは、サムスン電子やＬＧエレクトロニクスといった後発韓国メーカーの後塵《こうじん》を拝するようになった。シャープが救いの手を求めているのは、台湾のフォックスコン（鴻海科技集團）だ。

これが現実なのである。

グローバル競争下では、大企業だって決して安泰ではない。そして、ひとたび経営が苦しくなれば、終身雇用や年功序列のような悠長なことをいっていられなくなるのは、考えてみれば当たり前だ。

また、日本人はブランドに弱く、いったん社会的に価値が認められたものを、無条件に信用する傾向がある。それもまた新卒学生の大企業信仰を助長している理由の一つなのだろう。だが、ブランド企業だからといって、社員の面倒を一生みてくれるわけではもちろんない。むしろ、ブランドの価値を守るためだったら、社員の雇用を犠牲にするという経営判断がなされることを、想像するべきだ。

要するに、**安定を求めて大きな会社やブランド企業に入るというのは、実は決して賢明な選択とはいえない**のである。

変化の激しい現代社会において、「安定」ということに価値があるとは思えないが、

もしあなたが「安定」を求めたいのなら、会社に頼るという発想は、とりあえずいますぐやめたほうがいい。

頼るなら会社ではなく、自分だ。

安定したいのなら、自分自身に投資をして、スキルや能力を高め、どこでも稼げる力を身につけてしまうしかない。そうすれば、いまいる会社がいつまで守ってくれるか、毎日不安を感じながら働かないでも済むようになる。

そういう意味でも、大企業に就職するメリットは薄い。

入社後の成長機会を考えたら、大企業よりもベンチャーのほうが、明らかに勝っているからだ。

新卒で入社した場合、大企業はピラミッドの最下層からスタートしなければならない。第一線で活躍できるようになるまでにはどうしても時間がかかってしまうのだ。しかも、いまはどの会社もポストの数に対し人が多すぎて、若手にはなかなか順番が回ってこないという状況だから、ますます成長機会は少なくなっている。

一方、じっくり腰を据えて人を育てられるだけの余裕がないベンチャーでは、若手もすぐに戦力になることを求められる。それゆえ大企業に比べ仕事はハードだし、手取り足取りというより、実践を通じて自分で成長していかなければならないから、仕事の厳しさや大変さは大企業の比ではない。その代わり仕事に真剣に取り組む意欲があるなら、大企業の社員の数倍のスピードで成長することができる。

ただし、ベンチャーの場合、どれだけの仕事ができるようになるかは、トップの能力や志によってかなり左右される。早い話が、数億円程度の売上で満足しているようなトップの下で働いても、それ以上の力はつかない。理想的には急成長するメガベンチャーに、立ち上げの時期から参加できれば、修業の場としては最適だ。

日本には大きな志を掲げて、急成長する魅力的なベンチャー企業がまだ圧倒的に不足している。だから優秀な人材は、限られた選択肢のなかから大企業を選択せざるを得ない。これこそがいまの日本が抱える、根本的な問題なのである。

頼るなら会社ではなく、自分だ。
「安定」したいなら、自分自身に投資をして、
どこでも稼げる力を身につけてしまうしかない。

03

小は大に勝てないという考えを捨てる

同じマーケットで戦ったら、ベンチャーは大企業に勝てない。

日本人の大企業信仰の背後には、こういう強い思い込みがある。

経営資本に恵まれた大企業がその気になれば、昨日今日できたような小さな会社などひとたまりもない。あるいは、不況が続いても、大企業なら生き残ることができると暗に信じている。

「寄らば大樹の陰」ということわざがあるが、日本人のメンタリティはまさにこれだ。

だが、小は大に勝てないというのは、本当なのだろうか。

アップル、グーグル、オラクル、インテル、フェイスブック……。

いまやＩＴ業界に縁がない人でも、これらの社名を一度も耳にしたことがないという人はいないはずだ。しかも、この五社ともその時価総額は、世界のトップ五〇に名を連ねている。

しかし、その歴史は決して長くはない。この中でいちばん創業が早いアップルが一九七四年。フェイスブックにいたっては、二〇〇四年に設立されたばかりだ。ちなみに、日本で同じくトップ五〇入りしているトヨタ自動車の創業は、第二次世界大戦以前の一九三七年である。

あるいはアジアの主要電機メーカーの時価総額を比べると、日本のソニーやパナソニックを抑えて上位を占めるのは、サムスン電子やフォックスコンなど韓国や台湾の新興企業だ。

つまり、**世界ではここ十数年の間に、ベンチャーが力をつけて従来の大企業を逆転する現象が、日常茶飯事のように起こっている**のである。

ベンチャーが大企業に挑戦するなどというと、日本ではドン・キホーテのようにみられがちだ。だから日本では起業といっても、大企業とまともに勝負することを最初から諦《あきら》め、携帯ゲームのアプリケーション・ソフト開発のような、大企業が参入してこない市場を狙って、小さく成功しようとするようなケースばかりが目につく。

だが、**アメリカのシリコンバレー**でも、**台湾の新竹市**でも、**インドのバンガロール**でも、起業家たちはベンチャーが急成長していく様を間近にみているので、自分たちにもできないはずはないと、**堂々と既存の大企業に勝負を挑んでいく。**そこには、ベンチャーだから大手には勝てないという遠慮や躊躇は、一切ない。

日本の最大の問題は、小さいことや後発がハンディキャップだという時代遅れの発想をいまだにひきずっていることだ。それを打ち破るメガベンチャーも、なかなか現れてこない。しかし、成功例が一つでも出れば、大企業に抱え込まれていた優秀な人材が流入し、後に続くベンチャー企業も現れ、状況は一気に変わるだろう。

04

新しい経営資源〝スピード〟の価値を知る

日本は戦後、驚異的な速さで復興を果たすと、一九六〇年代後半からアメリカに次ぐ世界第二位の経済大国の名をほしいままにしてきた。

ところが、九〇年代前半にバブルが崩壊した後は、経済は停滞したまま。気がつけばGDPは中国に抜かれ、いまや韓国や台湾などの新興国にも市場を奪われつつある。

そんな日本が、かつての輝きを取り戻すことは可能だろうか。

私は、十分可能だと思っている。ただし、そのとき主役となるのは大企業ではない。新生日本を牽引《けんいん》するのは、間違いなくメガベンチャーだ。

もちろん、現在低迷している大企業にも奮起を期待したいという気持ちは大いにある。だが、世界をみると、残念ながらいまのままでは日本の大手企業に勝てる余地は、ほとんどないというのが現実だといわざるを得ない。

なぜ日本企業は世界で勝てないのか。

最大の理由はスピードだ。

先日、ミャンマーで企業誘致を手掛けているコンサルタントと話をする機会があった。近年自由化が進むミャンマーに対しては、日本でも企業の進出機運が高まっている。だが、そんな日本企業の評判は、現地ではあまりよくないという。何より彼自身が、日本の大手企業とは仕事をしたくないというのだ。

私の経験からいうと、日本企業は台湾や東南アジアでは非常に信頼性が高い。現地では一緒に仕事をするなら、韓国や中国より、できれば日本企業を選びたいと誰もが思っている。

その点は彼も認めていた。**できれば日本からたくさん企業を呼びたい。**

だが、当の日本側にその気があるのかよくわからないというのだ。日本からは、これまで何度も現地に工場をつくりたいという話があり、そのたびに政府高官と会う便宜を図ったり、必要な資料を集めたりと協力をしてきた。するとどの担当者も、すぐにでも契約を結びたいと好意的な反応を示す。

ところがそこからが長い。

いつまでも視察ばかりで、なかなか結論を出してくれないため、かかわった現地の人たちも、本気で進出する気があるのかと疑心暗鬼になり、間に入った彼は振り回され疲弊していく。

たしかに日本企業は魅力的だが、**一緒に仕事をするなら、意思決定の早い韓国企業のほうがいい**とその彼はいっていた。

実は、こういう話はミャンマーに限らずベトナム、フィリピン、インドネシアでもしょっちゅう耳にする。

たぶん、**日本の経営者の多くは、熟慮に熟慮を重ね、ミスを極力少なくすることが重要だと思っているのだろう。だが、その感覚では勝てない。**

東南アジアや台湾で、提携先の候補として現地の会社を訪れるとしよう。

そうすると、だいたい二回目の訪問で、向こうから「具体的な条件を詰めましょう」という話が出てくる。

これが世界のスピード感なのだ。

だから、こちらも一回目の訪問で、この会社が提携先として適当か結論を出し、話を進めるならそれなりの準備をしておかなければならないのである。それを怠ると、核心に迫る話になったとき、対処できないのだ。


ところが、日本の大企業は、構造的にこれができない。海外進出なら、現地の担当者が調査結果を本社に報告したら、本社の人間がそれを検討し、さらにそこから出た指示を現地で実行するというようなシステムが、できあがってしまっているからだ。

その点、サムスンのスピード感には舌を巻く。


当社が今度フィリピン市場に投入する「ＥＶタクシー」に搭載するリチウム電池の供給元として、最初は国内のメーカー数社に声をかけた。だが、フィリピン側が要求する保証期間の条件が厳しすぎるなどの理由で、なかなか結論が出ない。

そこで、次に韓国のサムスンにプレゼンテーションに行ったのだが、とにかく対応が早いのにはびっくりした。新しい市場ということもあり、最初はやはり様子を探っているようだったが、これはいけそうだという感触を得たらそこからが早い。すぐに現地視察をすることになった。

しかも現地にやってきたのは、いきなりリチウム電池部門のトップである。決定権があるのでいちいち本社に持ち帰らなくてもいいから、大事なことがその場でどんどん決まっていく。

時価総額でソニーをはるかに上回るサムスンがこのスピードで動くのだ。

これでは日本の家電メーカーが勝てないのも無理はないと思わずにはいられなかった。

このように**「スピード」とは、いまや「ヒト・モノ・カネ・情報」以上の経営資源になり得る可能性すらあるのだ。**

それは、とりもなおさずテラモータースのようなベンチャーでも、スピードに勝れば大企業に勝てるということにほかならない。

当社であれば、社長の私が現地に行って、その場で決めることができるのである。相手にしてみたら、何カ月も待たないと結論が出ない大企業よりも、すぐにイエス、ノーをはっきりしてくれるベンチャーのほうが、ビジネスパートナーとして好都合なのはいうまでもない。

個人が仕事のスピードを上げるには、シリコンバレーのやり方が参考になる。

シリコンバレーでは、成功確率が六割を超えたら誰もが動き出す。どんなに情報を集め、計画の精度を上げたところで、社会の変化が激しい現代においては、それがそのとおりいくかどうかは、実際にやってみなければわからないからだ。

それゆえ、時間をかけて机上の成功確率を八割、九割に引き上げるより、**六割でスタートして、それから状況をみながら軌道修正していくほうが理にかなっている**し、最終的にいい結果を得られる可能性が高いのである。仮説を超高速で検証していけるからだ。

それに、**人より一歩でも二歩でも早く始めれば、それだけ先に情報を手にすることが**

できる。このメリットも見逃せない。

また、六割の成功確率では心もとないと思うかもしれないが、私の経験からいえば、日本人の感じる六割とは、アメリカ人の七割、東南アジア人の八～九割に相当すると思っていい。

そう考えると六割といっても、決して拙速ではないのである。

逆にいえば、**世界のビジネスパーソンはその程度の「確信」で、自信を持って走り出しているのだ。**そこで後れをとってはいけない。

「六〇％でＧＯ‼」はどんなビジネスパーソンでも、常に肝に銘じてほしい。

スピードという「武器」を有効に使えば、
世界市場では、
むしろベンチャーのほうに
アドバンテージがある。

05

「技術」にこだわるのは日本だけ

日本の製造業の技術力が高いのは世界中が認めている。

それは本当にそのとおりだし、おかげで日本の企業というだけで、ベンチャーでも大企業と分け隔てなく会社を評価してもらえるのだから、技術大国の評価を確立した先人たちには、どんなに感謝をしてもし足りない。

ついでにいえば、日本企業には約束を守り、いい加減な仕事をしないという、非常にまじめなイメージもある。

テラモーターズのような歴史の浅いベンチャーは、大企業信仰の強い国内ではどうしても時価総額の四掛けくらいに過小評価されてしまう。

ところが東南アジアだと、日本企業で、しかも日本国内ですでに電動バイクのシェアがナンバーワンという実績があるというと、勝手に企業価値を四倍くらいに膨らませてくれるのだ。

まじめにビジネスに取り組んでいるという評価は、そのまま企業の信用力にもつながる。通常、相手から信用されるためには、かなり長い時間が必要だ。それが**日本企業だというだけで大幅に短縮されるのだから、その恩恵は計り知れない。**

先輩たちが築いてくれたこの功績は、私たちも必ず次の世代に受け継いでいこうと思っている。

ただ、かつてのままに「技術」を最優先にするかどうかは、考えなければならない。

シリコンバレーのベンチャーキャピタルが、投資をする際に重視するのは、

①ヒト　②マーケット　③技術

の順だ。成功するためにはトップの経営能力がいちばん重要で、扱う製品に十分な市場があるかどうかが二番というわけだ。

あるいは、①と②が入れ替わって、①マーケット　②ヒト　③技術　という順番。こちらのほうは、市場が大きければ、多少経営者の力に問題があってもその会社は成功す

るという考え方だ。

どちらも一理ある。

しかし、**技術がいちばん上にくるケースは、聞いたことがない。**

つまり、その会社がどれだけの技術を持っていようと、多くの場合、それだけでは投資の決め手にはならないのである。

言葉を換えれば、**いくら高い技術で高機能の製品をつくって市場に投入しても、それだけでは競争に勝てない**のだ。

日本の製造業は、いまだにここが行動に落とし込めていない。

たとえば、液晶テレビの分野でソニーは、自前の技術を売り物にし、高品質の製品を開発することにこだわってきた。片やサムスンは、最初からソニーと品質勝負などせず、代わりにデザインや価格、加えて市場のニーズにすぐに応えるスピード感などで対抗した。結果はみてのとおりだ。

アップルだって、ｉＰｈｏｎｅやｉＰａｄが売れているのは、消費者が求めるものを製品に反映する力に長《た》けているからであって、決して技術力が競合他社に勝っているからではないのである。

多くの日本人は「イノベーションとは技術革新だ」ととらえているが、いまの時代、むしろ爆発的に普及する製品そのものがイノベーションなのである。

すなわち、製品開発より、顧客価値を磨き上げることが優先されるべきなのだ。

人は商品に魅力を感じるから買うのであって、技術にお金を払うわけではない。驚きや楽しみ、ワクワク感といった**「WOW！ エクスペリエンス」**が大事なのだ。だからこそ当社では製品開発の一年以上前から現地に社員を送り込んでニーズを掴み、製品のコンセプトや価格帯をつくり込む。そこではじめて、製品を実現するために必要な技術は何か、という問いが出てくるのだ。

もちろん、ものづくりにおいて技術力は必要だ。だが、それはあくまで**ワン・オブ・ゼム**であることを忘れてはならない。

06
「自分には無理」というみえない天井を叩き壊す

「なぜ日本からアップルやグーグルのような企業が出てこないのか？」

そんな質問をよくされる。

答えは簡単、**起業の絶対数が少なすぎる**のだ。

日本では優秀な学生ほど、大手企業にすんなり就職してしまう。有名校から一流企業というのが人生の成功モデルだという戦後日本の常識を、彼らは疑っていないのだから仕方がない。

だから、いい大学を出て民間に就職するなら、就職先は一部上場企業が常識で、テラモーターズのようなベンチャーを選ぶと、「非常識」ということになってしまう。

かつては、この常識にもいくらかの合理性があったのかもしれない。だが、現在では無用の長物だ。

資本主義の原理というのは競争なのである。

そして、コツコツまじめにやっているだけでは競争に勝てない。**必要なのはイノベーションであり、自由でクレイジーな発想ができる人だけが、イノベーションを起こすことができる**のである。

そこのところがいちばんよくわかっているのは、やはりシリコンバレーのグローバルリーダーだ。シリコンバレーには、枠に収まろうという人はいない。**どれだけ枠をはずれた発想ができるかを、みんなが競い合っている**といってもいいくらいだ。しかも、スタンフォードのような一流大学出身の学生が、先頭を切ってその争いに参加しているのである。

また、**日本では、子どものころから就職といえば、すでに存在している会社に入ることだと思っていて、最初から起業という選択肢が抜け落ちてしまっている人が多い。**

彼らは、会社を立ち上げて成功させるなんてことは、特別な才能に恵まれていなければばできないと、そろいもそろって思い込まされている。

日本の若者は、一度台湾でもフィリピンでもいいから行って、現地のビジネスパーソンと話してみるといいだろう。誰もがチャンスがあれば起業しようと、虎視眈々《こしたんたん》とそのときを狙っている。自分には会社経営などできっこないと、最初から諦めている人を探すほうが難しいくらいだ。

別に、日本人だけが起業に向いていないとか、会社経営の能力が欠けているとか、そういうわけでは決してない。

単に、起業に対する意識の差なのだ。

日本人は、誰かに強制されているわけでもないのに、周りに成功事例がないから**自分には無理だ、できっこないと勝手にみえない天井をつくって、縮こまってしまっているのだ。**

だから、**その天井を叩き壊してしまえばいいのである。**

意欲がある人ならば、大きな組織の一員になるよりも、自分で会社を起こして世界でビジネスをするほうが、エキサイティングな人生が送れることは間違いない。その考えが一般的になり、卒業と同時にベンチャーに飛び込む学生が珍しくなくなれば、日本からもアップルやグーグルのような企業が必ず生まれるようになる。

問題は、誰がどうやってその天井を壊すかだ。いちばんいいのはモデルをたくさんつくることだ。

アメリカはいうまでもなく、アジア諸国でもここ一〇年くらいの間に、急成長するベンチャーが続々と現れてきている。ところが、日本はまだまだ大企業の威光が強く、モデルと呼べるようなベンチャーが育ってきていない。

しかしながら、当社の若い社員をはじめ、現状に危機感を覚え、起業家精神を持った人の割合は確実に大きくなってきている。しかも、彼らは国内マーケットにこだわっていない。

この分でいくと数年後には日本でも、世界を視野に入れたベンチャーが続々と誕生する日がくるかもしれない。

日本人は「自分には無理だ」「できっこない」と
勝手にみえない天井をつくって、縮こまっている。
だから、その天井を叩き壊してしまえばいいのだ。

07

「失敗からは多くのことが学べる」という感覚を持つ

大学を卒業してIBMやGEのような大企業に就職するというと、シリコンバレーでは確実にバカにされる。自分で事業を起こせるだけの能力がなく、大きな組織しか行き場のない人間と判断されてしまうのだ。

このあたりのメンタリティは、日本人と一八〇度異なる。

なぜ、アメリカのエリートはベンチャーを選ぶのか。

たしかにアメリカ人は日本人に比べ野心家だし、アグレッシブだ。学生の起業家志向も強い。

だが、それは**アメリカ人が勇敢でリスクを恐れないからではない。**

彼らはあくまで経済合理性に基づいて、大企業よりも起業やベンチャーを選んでいるのだ。

日本では起業というと、「自宅を担保に入れて金融機関から融資を受け、失敗したらすべてを失い路頭に迷う」などというイメージがどこかにある。

ところが、アメリカのアントレプレナーには、そんな悲壮感はない。

アメリカでは、有望なビジネスプランにはベンチャーキャピタル（ＶＣ）が積極的に資金を提供するシステムができあがっている。しかもアメリカのＶＣは日本の金融機関のように、個人資産を担保にとったりはしない。一〇社投資したうち二、三社が成功して株式公開（ＩＰＯ）にこぎつければ、十分に元が取れるというビジネスモデルだから、その必要がないのだ。

また、**起業して失敗しても、それによって多くのことが学べることを考えると、失うものよりも得られるもののほうがはるかに多い。**だから、周囲からも**失敗はマイナスどころかプラスに評価される**場合のほうが多く、新たな挑戦に対するハードルも高くないのである。

しかもアメリカでは大企業に就職しても、日本のように終身雇用ではないため、経営状態によって突然解雇されることも珍しくない。将来の保証がないという点では、大企業だろうがベンチャーだろうが大差ないのだ。

このように就職も起業もリスクを伴い、それでいて成功したときのリターンは明らかに起業のほうが大きいので、意欲と能力のある人ほど自分で事業を起こすことを第一に考えるのである。

日本でも、ベンチャーキャピタルによる投資環境も少しずつ整ってきた。起業家にとっては、チャンスの多い時代になってきたといえるだろう。

08
大企業の社員にも不可欠な起業家精神

起業家精神とは何だろう。

それは**大勢に流されず、執念を持って自分の信じた道を進むということだ。人と違うことを恐れない勇気と言い換えてもいいかもしれない。**

そして、本当は大企業の社員だって、起業家精神を持っていなければならないはずなのだ。

本来なら大企業はブランド力もあり、経営資源にも恵まれているのだから、やる気のある社員には一〇億円、二〇億円くらい渡して、なんでもいいからアジアで事業を起こしてこいくらいのことを、やろうと思ったらできないはずはない。

ところが、現実はというと、社員はコンプライアンスやリスク管理で身動きがとれず、社内業務に追われてしまう。これでは起業家精神が育たないばかりか、せっかく意欲や野心を持って入ってきた人もしぼんでしまうだろう。

そうなると、**この国で起業家精神を持った人間を輩出するには、やはりベンチャー企業が適している。**

ベンチャーで、大企業と同じような働き方をしていたら、それは勝ち目がない。だいたい人数が少ないのだから、一人ひとりが、大企業の社員の何倍もの速度と密度で働いて、ようやく飯が食えるのだ。

その代わり、大企業の社員が一〇〇の能力のうち三〇しか使っていないところ、ベンチャーでは二〇〇まで引き上げることを常に要求されるので、その成長速度は大企業の比ではない。

私自身、大企業で働いていたときよりもいまのほうが、確実に記憶力がよくなっているし、思考も深まっていると確信している。**ものすごい緊張感のなか、次々と出現する課題に必死で対応していると、人は際限なく進化していけるのだ。**そういう実感はベンチャーでなければ味わえないだろう。

それに、ベンチャーには年功序列がない。力があればたとえ二〇代であっても、責任ある仕事を任せてもらえるのである。

私がこういっても、**経営にかかわるレベルの仕事に、若手の社員が出向いたところで、まともに相手にされないのではないかと思うかもしれないが、それこそが年功序列に縛られた日本人の感覚だ。**

当社が当面の目標としている電気自動車の最大手、テスラモーターズは二〇一〇年五月に米カリフォルニアでトヨタ自動車と資本提携を発表した。そのときトヨタの豊田章男社長と握手をしたテスラのイーロン・マスクCEOは、当時まだ三八歳。三〇代であっても力があれば、トヨタの社長から対等なパートナーとして扱ってもらえるのだ。

どこの国に行っても、若い経営者の勇気と商才は、例外なく称賛の対象なのである。日本人がそれを知らないだけなのだ。

私は、いまの日本の大企業で起業家精神を持った社員を育てるのは、正直難しいと思っている。それよりも、自前で育てることにこだわらず、ベンチャーで鍛えられた有能な人材を、どんどん迎え入れるシステムをつくったほうがいい。

それが恐竜のように大きくなって、世界の変化に迅速に対応できなくなった大企業が生き残る一つの手段ではないだろうか。

起業家精神とは何だろう。
それは大勢に流されず、執念を持って
自分の信じた道を進むということだ。

第2章

「成長」の枠を打ち破れ

―挑戦しないことこそ最大のリスク―

数年前の数字だが、日立とグーグルで一人当たりの時価総額を比べると、なんとグーグルは日立の一〇〇倍だった。では、日立よりもグーグルの社員のほうが一〇〇倍優秀なのかといったら、そんなことはないだろう。おそらく個人のポテンシャルはそれほど変わらない。

違うのは組織の体質であり、マネジメントの仕方だ。

会社全体の仕事をいくつかのパーツに分け、それぞれに人を割り振って、そこだけを任せるような仕事のさせ方をしていたら、その仕事に必要な能力しか育たない。つまり、他の能力はスポイルされてしまうのである。

そして、その仕事に慣れてくると、より少ないエネルギーでこなせるようになるから、総合力の三〇%くらいしか使わないビジネスパーソンができあがる。もちろんそんな状態で仕事がおもしろいはずがない。

本章では、テラモーターズの、社員を育てる考え方をお伝えする。

これが実践できれば、いまの四倍速で成長できることを約束する。

09
「指示待ち人間」を脱するための考え方

上司から命じられたことを確実にこなすことができる。

日本ではこれまで、こういう人材が求められてきた。

しかし現在では、このようないわゆる**「指示待ち優等生型」**の評価は凋落《ちょうらく》している。変化の激しい時代に、昨日と同じ仕事をいくら完璧にやっても、大きな価値は生み出せないからだ。

では、これからのビジネスパーソンはどんなタイプを目指すべきなのか。ひと言でいうなら、**チキンとエッグの順番を大胆に入れ替えられる発想ができる人材**だ。

日本電産の永守重信社長がまだ若かったころの話にこんなものがある。

自社でつくった小型モーターがアメリカで認められ、海外からも取引したいというオファーがくるようになった。ところが、当時の日本電産の工場はボロボロで、視察に来た担当者もそれを見ると、「こんな工場で大丈夫か」と不安になるのか、みな契約を躊《ちゅう》躇《ちょ》して帰国してしまう。

そこで、「これは工場を新しくしなければダメだ」と銀行に融資をお願いするのだが、大口の取引先との契約書がないと融資はできないと断られてしまう。

契約が先か、工場が先か。まさに「鶏《にわとり》が先か、卵が先か」の**チキン（鶏）とエッグ（卵）の関係だ。**

そこで、永守氏は、一計を案じる。

取引を希望する相手が来日したらすぐに京都に連れていき、昼は観光、夜は祇園で芸者遊びとにかく徹底的に楽しませ、工場をみせずに契約をしてしまうのだ。

この作戦が見事に功を奏し、アメリカのスリーエム・カンパニーと契約を結ぶと、永守氏はすぐにその契約書を銀行に持参し、融資を引き出し工場を建て直した。あとはとんとん拍子である。

「契約がまとまらない原因となっている工場をどうしよう」

「契約書がない状態でもなんとか融資をしてもらえないだろうか」

普通はそのように考えがちだ。

だが、永守氏は、**契約の締結と工場の新築をチキンとエッグの関係と考え、それをどう入れ替えていけばうまくいくかという視点で、問題の解決を試みた。**


いま求められているのは、これができる人材なのである。

とくにベンチャーの場合、製品が評価されても実績がないと、「どこかで実績をつくってから来てほしい」といわれることが少なくない。しかし、どの顧客もそれが条件だと、いつまで経《た》っても実績をつくれないことになってしまう。

このような「チキンとエッグ」の命題が日常茶飯事のように突きつけられるのだ。

そして、これをどう乗り越えていくかで、その人のベンチャースピリットが鍛えられるのである。

10 将来何で食べていくのか常に考える

シリコンバレーでベンチャー支援の会社を経営していたとき、インターンで働きたいというアメリカ人の女子学生がやってきた。

大学名を聞くと、はっきりいってあまり優秀なところではない。

それにしても、どうして私のところを選んだのだろう。

彼女の答えは、実に明快だった。

「私は四〇歳で起業したいと考えており、そのためには、最低でもこれだけのスキルが必要です。この会社の業務内容を調べたら、ここでインターンをやれば、私が求めているスキルのいくつかを、身につけられることがわかりました。まさに、私のキャリアをスタートするのにふさわしい会社だと思ったのです」

繰り返すが、彼女は決してスタンフォードのような一流大学の学生ではない。それなのに、具体的な自分のキャリアプランがあり、なおかつ私の会社でインターンとして働く理由を、きわめてロジカルに説明できるのである。

私は心底びっくりした。

最初、私は彼女が特別なのだと思ったのだが、実はそうではない。アメリカでは一〇代のころから、**自分を他人とどこで差別化するか、将来何をやって食べていくかを、誰もが真剣に考えているのだ。**

といっても、全員が彼女のように上昇志向というわけではない。なかには、「九時から五時の仕事に就き、家族との時間を大切にして生きていきたいので、収入は食べられるだけあればいい」というような人もいる。しかし、それもまた自分の意志による選択なのだ。決して怠惰で流されているわけではないのである。

これに対し日本の大学生はどうか。毎年代わり映えのしない就職先人気企業ランキングが如実に物語っているように、ほとんどの学生が「大企業や有名企業に入ればいい」くらいのことしか頭にない。

そこにあるのは、**就職はゴールであるという考え方であり、そこから自分の人生をどのようにデザインしていくかだとか、どの分野のプロを目指すだとか、そういうことには無頓着《むとんちゃく》なのだ。**それでは生き方そのものを、会社に決められてしまうだろう。

もっとも、これには新卒の学生を採用する企業のほうにも責任があるだろう。とくに文系職の場合に顕著だが、採用されても、翌年の四月になって配属が決まるまで、自分はどの部署でどんな仕事をするかわからない。これでは入社前に、将来やりたいことをやるために必要なスキルをこの会社でいかに獲得するか、というプランを立てるのは困難だ。

経済が右肩上がりで成長し、社会が安定していた時代なら、大企業にいれば定年まで雇用は保証され、その間給料は上がり、リタイア後も退職金と年金でなんの不安もなく過ごせただろう。そんな時代ならば、大企業に就職することを目標にし、そこから先のことは考えなくてもよかったのかもしれない。

だが、もはや終身雇用は崩れ、大企業だっていつどうなるのかわからないのである。**この先さらに社会の不安定さが増しても、その逆はあり得ない。**

そんな時代に、**会社に依存して生きるくらい危険なことはないはずだ。**

安定した人生を送りたいなら、会社に守ってもらうより、自分で自分を守るほうがよっぽど確実である。**会社とは、自分で自分を守れるようになるために力をつける場所。仕事はそのための手段。**そのように自分で人生を決めることが、強いエネルギーを生み出す。

シリコンバレーで働く人たちは、みなそのように考えている。

私は、アメリカのすべてがいいとは思っていない。しかし、**人生の早い段階から将来は何で食べていくかを決め、それに必要な準備をしていく**という彼らの生き方は、日本人にとって参考になる。少なくともそういう就職観があると知っているだけでも、ずいぶん楽になるはずだ。

11 加速度的成長のためには能力以上のことをやる

自分がビジネスパーソンとして成長し、実力をつけるほど人生が安定する。このことはぜひ覚えておいてほしい。

といっても、現代はスピード重視の時代である。時間をかけてのんびりやっていたのでは、成長のスピードが社会の変化に追いつかない。また、**せっかく苦労して新しいスキルを獲得しても、すでに多くの人が同じスキルを手にしていたら、それは自分の身を守る武器にはならない。**

つまり、必要な能力はできるだけ効率的かつ効果的に身につけ、さらに加速度的に成長しなければならないのである。

では、どうしたらそんなことができるのだろう。

答えは簡単である。**自分の能力以上のことをやればいいのだ。**

テラモータ―ズの社員は成長が早い。

みな入社一年足らずで、海外赴任の命を受け、厳しい市場で海外の企業と堂々と渡り合えるようになる。大企業では考えられない成長スピードだ。

テラモーターズの社員が、これほどのスピードで成長できる理由は、現在持っている一〇〇の能力を二〇〇にまで引き上げないと結果を出せない課題を、常に与えられているからだ。

もちろん、最初はうまくいかず、失敗しては私に怒られる日々が続く。とくに、それまで挫折を知らず、順調な人生を歩んできた社員ほど、自分はこんなに仕事ができないのかと屈辱感でいっぱいになるようだ。

しかし、**失敗は、自分にどんな能力やスキルが足りないのかということを、正確に教えてくれる。**

失敗によって次にまた同じ思いをしたくないという気持ちにもなれるので、学びのモチベーションが嫌でも高まるのだ。

そうして、努力して自分の弱点を克服すると、同じ失敗はしないようにはなる。だが、そういう人にはさらにもう一段高い課題が与えられる。この繰り返しは途切れることがない。その結果、能力がどんどんストレッチされていくのである。

テラモーターズの社員に、格好の事例がいる。テラモーターズ設立一年目の四月ごろ、オフィスに突然訪ねてきた一橋大学の四年生だ。

扉を開けるなり、彼は「入社したいから面接をしてほしい」と言ってきた。私は仕方なく中に入れて話を聞いたが、彼は面接に来たというのに、自分からひと言もしゃべろうとしない。こちらから話しかけても、ひと言ふた言、短い回答が返ってくるだけだ。私は判断のしようがないと思い、一旦は断った。

しかし彼はその後、何度もオフィスを訪れ、最後には、

「三カ月無給でもいいから働かせて下さい」

と強く嘆願してきた。

私は仕方なくインターンをさせてみることにしたが、やはりまったく仕事ができない。何も聞いてこないので、手取り足取り教えないと仕事にならないのだ。

そこで私は彼を毎日のように叱り続けた。

何を改善しなければならないのか、型として体が覚え込むまで何度も伝えた。

テラモーターズの**採用基準は、「ビジョンが共有できること」「向上心」「素直さ」**の三つだ。その基準に照らし合わせれば、彼にも採用基準に達する可能性はある。そう考え、私はしばらく鍛えてみることにしたのだ。それでも彼は誰よりも早く出社し、他の人がやりたがらないような雑用をこなし、毎晩ノートに反省を記録する日々を続けた。

年明けを迎えたころ、彼は急激に成長した。

自分も周りも驚くほど、突然仕事ができるようになったのだ。彼に言わせると「仕事はこうやればいいのかと、ふっとわかった」という。それまでの商談では、相手と目を合わせることすらできなかったが、ハードな価格交渉も堂々とできるようになった。

その後四月に彼が正社員になると、私は半年後に彼を海外に駐在させた。彼はそこで結果を残し、いまはテラモーターズを支えるエースの一人になっている。

彼は偶然に仕事ができるようになったのではない。徹底的に「量」を積み重ねた結果、あるときそれが「質」に転化したのだ。

そして、それはかつてシリコンバレーで私が経験したことと同じだ。

彼らはみな、世界で成功することを目指しているし、そのために持てる以上の力を発揮するのは当然だと思っている。そんな彼らに追いつくためには、彼らの二倍の質で、二倍の量を働かざるを得ず、その蓄積こそが自分を徹底的に成長させたのだった。

大企業にいると、**仕事というのは自分の能力の範囲内でするものという意識になっていく。**社員が能力を使い切らなくても、会社が市場で勝ち抜いていけるのならそれでもいいが、現実には、そんな会社はジリ貧だ。

一方、私たちのようなベンチャーは、全員が能力以上のパフォーマンスを出さないと、すぐに淘汰《とうた》されてしまう。だから、当社では、決して社員の成長を促すのが目的ではなく、必要に駆られて二〇〇％の負荷をかけているのである。

誰もが滅茶苦茶に忙しくなるが、暗い顔をしている人はいない。**自分が成長するとともに、未来の可能性も広がっていくのだ。**楽しくないはずがない。

徹底的に「量」を積み重ねていけば
あるときそれが「質」に転化するだろう

12
失敗を成長機会ととらえる

日本のビジネスパーソンの基礎能力は、世界でみてもかなり高いといっていい。

ところが、社会人になってからののびしろが少ない。せっかくの能力を伸ばしきれていないのだ。

なぜそうなってしまうのか。

私の見解をいえば、おそらく、**失敗を単純にマイナスとして評価してしまう日本人の価値観が、その最大の元凶となっている。**

問題には必ず模範解答があり、それを間違いなく答えられるようにするのが、日本の学校教育だ。つまり、学生時代優秀だった人ほどミスをしない訓練ができているのである。

それゆえ、**大企業のエリートほど失敗に対する耐性がなく、彼らは未知の分野への進出や新しい仕事の試みのような、確実にうまくいく保証のないことに対しては、どうしても尻込みしがちになる。**

また、たいていの日本企業では、たとえ現状維持でも安定した成績を上げていれば、それなりに評価される。これでは社員が、あえて困難な課題に挑戦しようという気にならないのも無理はない。

だが、そうやって失敗を恐れ、慣れ親しんだことばかりやっていたら、特定のことは巧みにできるようになっても、それに必要な能力しか育たないので、成長の幅はどうしても小さくなる。

市場を取り巻く環境が毎年ほとんど変わらない時代なら、それでもよかった。だが、変化のスピードが速い現代では、これまでの方法論が通用しないことが日常的に起こる。

つまり、**失敗が怖いからといって目の前の変化に目をつぶり、新しいことに挑戦しない人間は、時代に置いていかれ、あっという間に淘汰されてしまうのである。**

会社にとっては、社員が失敗すれば、それによって短期的には不利益を被《こうむ》るだろう。だから、確実に結果を出せる社員にしかチャレンジの機会を与えないという考え方もわからなくはない。だが、長い目でみたら、社員の失敗は会社にとって決してデメリットではないはずだ。

仕事で失敗を経験した社員は、ビジネスパーソンとして確実にひとまわり大きくなる。なぜなら、うまくいかなかった理由や、現在の自分に欠けている能力は何かといったことが、失敗を通して嫌でもわかるからだ。そして、そこを強化することで、次は同じ失敗を繰り返さなくても済むようになる。つまり、**失敗という成長機会を活かして、彼はこれまで以上に会社に貢献できるようになるのだ。**

どんなに環境を整え、手取り足取り教育したところで、人の能力が直線的に向上していくなどということはあり得ない。

つまずいてケガをしながら、必要なものを一つひとつ獲得していく。そういう「らせん状」の上昇でしか人は成長することはできないのである。

私が社員を抜擢《ばってき》するときに、見ている点もまさにこのことだ。

失敗を経験せず成功体験だけしか知らない社員というのは、自分には何でもできるという**無根拠な「全能感」**を持っている場合が多い。こういう人間は、本当に大事な場面では、**軌道修正能力を発揮できないから、怖くて起用できない。**

もちろんリカバーしきれない失敗は論外だが、致命的なものでないかぎり、会社は社員に失敗の機会をどんどん与えるべきなのだ。

ただし、失敗すればどんな人でも、挫折感や屈辱感にさいなまれる。

それゆえ、いくら会社が失敗に対して寛容な態度を示しても、プライドの高いエリートほど、失敗を避けようとするだろう。

そういう人たちにこそ、その**挫折感や屈辱感が、次なる飛躍のエネルギーになるということをぜひ伝えたい。**

私は、二九歳でそれまで勤めていた会社を辞め、アメリカに渡った。「西海岸の名の知れたビジネススクールでMBAを取得すれば、シリコンバレーで起業するという私の計画に反対していた両親も、きっと納得してくれるだろう」そう考えて猛勉強したにもかかわらず、スタンフォード、UCバークレーと狙った学校からことごとく門前払いされ、私がかろうじて入学を許されたのは、それまで考えてもいなかったアリゾナのサンダーバード大学。

大きなことをいっていたのに、いきなり最初のところでつまずいてしまった。

このときの恥ずかしさと情けなさは、二度と思い出したくもない。

だが、いま振り返ってみると、いまの私があるのは、あそこで失敗したからだともいえる。精神的に追い込まれた私には、もはやシリコンバレーで起業するという当初の目的を果たす以外に、あの挫折感や屈辱感をぬぐいさる術は残されていなかった。

その執念ともいえる思いが、**火事場のバカ力《ぢから》**の効果を生んだのである。

いくらノウハウや知識があっても、それだけでは十分ではない。**成功するためには、絶対にやってみせるという執念が必要**なのだ。そして、その執念を醸成してくれるのが、**失敗したときの悔しさ**なのである。

無難なだけの人生からは、執念は生まれない。そういう意味でも日本の若者には、大いに失敗してほしいと思う。

つまずいてケガをしながら、
必要なものを一つひとつ獲得していく。
そういう「らせん状」の上昇でしか
人は成長することはできない。

13 リスクのプラス面にも目を向ける

考えすぎて、何もできなくなってしまう。

日本人にはこういうタイプが非常に多い。要するに、リスクをとるのが苦手なのだ。

以前、ある若い起業家と話したときのこと。

彼は、長引くデフレ不況下にある日本市場は、ベンチャーがビジネスをやるには非常に厳しいとしきりにいってきた。そこで私は彼に「だったら日本にこだわらず、海外でやればいいいじゃないか」とアドバイスをした。

彼は英語も堪能《たんのう》だし、海外の事情もよく知っている。躊躇《ちゅうちょ》する理由はないと思ったのだ。

ところが、彼は、海外進出はいっさい考えていないという。

「日本でベンチャーをやっているだけでも、大きなリスクを抱えているというのに、海外でこれ以上のリスクを背負う勇気は、僕にはありません」

起業家であっても、リスクを恐れるのか。実に日本人らしいと、それを聞いて妙に納得してしまったことを覚えている。

日本人は、リスクを単に「危ないこと」ととらえている。しかし、シリコンバレーではそうは考えない。彼らにとって**リスクはチャンスと同義**なのである。

ファイナンスでは、リスクといえばそれは価格変動率（ボラティリティ）の幅のことであり、リスクが大きいということは上にも下にも変動が大きいということだ。つまり、リスクを避けてばかりいたら、利益を増やすチャンスもないから、当然その企業は衰退していく。

先ほどの若い起業家に話を戻すと、彼は自分のやっているベンチャーは、将来の保証がないのでリスクが大きいと思っている。それに加えて海外進出などしたら、不確定要素がさらに増え、リスクがいま以上に拡大する、そのリスクの大きさに自分は耐えられないというわけだ。

問題は、彼がリスクのマイナス面しかみていないというところにある。リスクが拡大すれば、当然マイナス方向への振れ幅は大きくなるが、同時にプラス方向への振れ幅も広がる。つまり、**より大きな成功を手にできる可能性も高まるのだ。**日本人とは逆に、シリコンバレーの起業家たちは、このリスクのプラス面をいつもみているのである。

ただし、**リスクのネガティブな側面には目をつぶっていればいいというような、虫のいいことはもちろん考えていない。**むしろリスクをとれる経営者は、リスクに対して異常なまでに神経質だ。

日本の経営者には、失敗したら会社がつぶれるような案件でも、うまくいくことだけを信じて、一か八かで突き進む人がたまにいるが、そういうリスクのとり方はもちろん間違っている。気合いだけで経営はできない。そんなのは当たり前だ。

リスクのプラスとマイナスを徹底的に分析し、これはとるべきリスクではないと判断したら絶対に手を出さない。逆に自分なりに納得のいく仮説が構築できたら、いつまでも悩まず、覚悟を決めて飛び込む。その際には最悪の場合を想定して、マイナスをヘッジする方法を二手も三手も考えておく。

そこまでするから、常人ではとれないようなリスクにも、果敢に挑戦することができるのである。

リスクを避けてばかりいたら成長できない。
当然その企業は衰退していくだろう。
リスクはマイナス面だけでなく、
プラスの面にも目を向けなければならないのだ。

14
パッションとロジックのバランスこそが最も大切

アメリカでＭＢＡを取得した後、私はシリコンバレーでベンチャーのハンズオン支援（実際に経営に参画し、業務執行の支援を行う）の仕事を始めた。そこでベンチャーに夢を燃やす多くの人と出会い、何人かとは一緒に仕事もした。

その結果わかったこと。それは、アントレプレナーといっても、いろいろなタイプがいるということだ。どんな人が起業家に向いているか、ひと言で説明しろといっても、それは難しい。

ただし、一ついえることがある。

それは、成功するアントレプレナーは、間違いなく二つの要素を備えているということだ。

一つは、**人並みはずれたパッション。**

絶対にこの事業で一大市場を形成してみせる。

自分のアイデアを形にすれば、世界を変えられないわけがない。

彼らは、いささか過剰な夢の持ち主なのである。

そもそも夢がなければ、自分で事業を起こそうなどとは思わないだろうから、当たり前といえば当たり前だ。それに、夢は誰だってみることができる。

だが**大きな夢を描き、それを何年にもわたって持ち続けられる人となると、それは決して多くはない。**

夢を自分の頭の中で膨らませているうちはいいが、いざそれを形にしようとすると、たちまち現実の壁が目の前に立ちふさがる。

計画は崩れ、協力者は現れず、世界なんてそう簡単に変わりはしないのだと思い知らされる。

それでも、変わらぬ情熱で現実の壁に挑み続けられるスティーブ・ジョブズのような人でなければ、アントレプレナーにはなれないのである。

もう一つは、**ロジック**だ。

ビジネスにはお金を集めたり、人を動かしたり、市場を分析したりといったさまざまな局面がある。そして、それらを競合他社よりも上手に行わなければ、競争には勝てない。そのために必要なのがロジックなのである。**ロジックなしに、パッションだけで突き進んでも、うまくいく確率は限りなくゼロに近い。**

シリコンバレーには、一流のエンジニアでありながら、ビジネスコミュニケーションに長け、リスクをとって起業するアントレプレナーが山ほどいる。

「パッションとロジックを、バランスよく持っているのが、プロのアントレプレナーである」

というのが、私の結論だ。

この視点から日本の起業家をみると、**どちらかに偏っている人が多い**のに気がつく。自分の事業に対して強烈な情熱を持っているが、戦略思考が苦手。あるいは、ものごとをロジックで突き詰めて考えすぎるあまり、スピードに欠け、思い切った行動が起こせない。

こういう人でも運がよければ、小さな成功は可能だろう。しかし、世界を変えるようなベンチャーを目指すとなると、やはりパッションとロジックの両方が不可欠なのである。

「パッションとロジック」

あなたはどちらの傾向が強いだろうか。足りない側の力を補うことで、あなたは成功に近づくことができるだろう。

15 サムシング・ニューを常に探しているか

当社では、与えられた課題をクリアするのはもちろんだが、さらにそこから**「サムシング・ニュー（SOMETHING NEW）」**を持ってくることが義務づけられている。

たとえば、ある社員が三カ月で一〇〇台の電動バイクを販売するというミッションを課せられ、なんとかそれを達成できたとしよう。しかし、それだけではダメなのだ。一〇〇台売り、なおかつ「こうすれば次は二〇〇台売れる仕組みをつくってきました」という「サムシング・ニュー」があって、はじめて合格点がもらえるのである。

それには、常に**「何か新しいことはないか」「別のやり方はできないか」**と問い続けなければならない。もっとも、考えたところでそう簡単には「サムシング・ニュー」は見つからないだろう。それでも脳みそに汗をかいて、徹底的に考え抜くことが大切なのである。私にいわせれば、「サムシング・ニュー」を持ってこられないのは考える量と深さ、絶対に発見してみせるという執念、これらがまだまだ足りないからにほかならない。

それから、当社では自分に力をつけることに重きを置いている一方で、**社員の個人プレーは認めない**。なぜなら、個人プレーは組織の強さにつながらないからだ。

野球でもサッカーでも、それぞれの選手が自分勝手なプレーばかりしていたら、そのチームは絶対に勝てない。

また、チームで行う競技というのは、どんなに個人が頑張っていいパフォーマンスを発揮しても、チームが試合に負けてしまったら、選手は心から喜べないものだ。

そして、会社というのは、野球やサッカーと同じチーム競技なのである。だから、チームの勝利が最優先であり、そのためにはいつもホームランを狙うばかりではなく、時には犠牲バントをすることも必要となってくるのだ。

これは、チームワークが何より大事だと言い換えてもいいだろう。

私のいうチームワークは、組織のために自分を殺し、上司の命令に黙って従う、滅私奉公的な仕事の仕方ではない。みんなの意見をうまく調整し、スムーズに仕事を進めることでもない。

個々のメンバーが組織の目指すべき方向を理解して、その実現のために持てる能力のすべてを発揮し、それぞれの持ち場で必ず結果を出す。このように、組織の全員がプロ意識を持ってリーダーシップをとっている状態が、本当のチームワークだ。

実は、外国の企業には、チームワークが悪いところが少なくない。とくに欧米は個人主義の国なので、会社よりも自分という社員が多いのである。シリコンバレーで働く人をみても、成果を出せばすぐにボーナスを要求してくるし、条件がいい会社があれば、競合だろうがかまわず転職してしまうだろう。

私はこうして社員を鍛えることで、彼らに「結果を出す」リーダーシップを身につけてほしいと考えている。

というのも、グローバルで闘えるチームをつくるために足りないのは、どんな状況でも必ず「結果を出す」リーダーシップだからだ。任された仕事をこなすことに安住していたら、リーダーシップなど育ちようがない。

ベンチャー企業では成長のスピードが早いため、実にさまざまな問題が発生し、それを一つひとつブレークスルーしなければならない。さらにそのような状況下でも、日々何とかして結果を出す力が問われるわけだから、リーダーシップの育成にこれ以上の場はないだろう。

なぜ私がこれほどリーダーシップにこだわるかといえば、いまほどリーダーシップが必要とされている時期はないからだ。成長期の管理型ではなく、危機管理下で結果を出せるリーダー。ビジョンを描いて仮説を立て、自ら陣頭指揮をとってチャレンジできるリーダー。世界観と大局観を持って、戦略的に思考できるリーダー。

そういうリーダーこそがいまの時代に求められている「グローバルリーダーシップ」なのだ。

「サムシング・ニュー」を持ってこられないのは
考える量と深さ、
絶対に発見してみせるという執念、
これらがまだまだ足りないからにほかならない。

16

「人脈」は挑戦者にこそ集まる

海外でビジネスを行うために重要なのは「人間関係」である。それは国内でビジネスを行うとき以上に重要視すべきであるというのが、私の実感だ。

たとえば、華僑《かきょう》というのは人と人とのつながりがすべてと考えているので、いったん信用してもらったら、その後のビジネスは非常に楽になる。

ただし、念のためと思って、紹介してもらった案件の裏を取る行為をして、そのことが相手に知れ渡ったりすると危険だ。「自分のことが信用できないのか」と相手の逆鱗《げきりん》に触れ、たちまち人間関係を断たれてしまう。

また、**日本人は「信用」というと、会社の知名度や大きさがそのまま社員の信用度に比例するように考えがちだが、そんなことはない。**

海外では、あくまで**「個人」が評価の対象**となる。

日本でどんな仕事をやっているのか。どこまで本気でこの国に入り込もうとしているのか。何を目指しているのか。

「個人」の考えやキャリアで、この人は信用できる、できないが判断されるのである。

ＩＴＲＩ（台湾工業技術研究院）という、台湾経済省に属する研究機関がある。日本でいう、産業総合研究所のような組織だ。私の台湾人脈は、ほとんどがこのＩＴＲＩのジェネファーという人物の紹介によってできたものだ。彼女との出会いは、出資を受けているみずほキャピタルからの紹介がきっかけだった。

彼女はテラモーターズのために協力を惜しまなかった。あるとき、どうして日本人の私に対し、そこまで手を貸してくれるのか不思議に思って、尋ねたことがあった。

彼女の答えは、「私が尊敬できる日本人の一人だから当然だ」ということだった。電動バイクという新しい分野でイノベーションを起こそうとしている。日本ですでに実績を上げている。

自分の会社だけでなく、常に日本のことを考えて経営をしている。

通訳を介さず、自分で一生懸命話そうとする。意思決定が早く、リスクをとる覚悟がある。

こういうところが、経営者として素晴らしいというのだ。だから、なんとしても日台連携の成功事例を私につくってほしいというのだ。

彼女のいうように、**難しい市場にチャレンジする人間は、アメリカでも周囲からリスペクトされるし、周囲が自然に応援する**ようになるものなのである。

人は常にそうやってブレークスルーを起こしてくれる人間を求めている。だからこそ、洋の東西を問わず、チャレンジャーに敬意を払うのかもしれない。

私の郷土の大先輩である高杉晋作は、いったん幕府軍に敗れたが、そこから再び奮起して圧倒的な不利を覆し、ついに幕府軍を破ってみせた。

高杉に比べれば私などまだまだではあるが、それでも「挑戦者」として評価してもらえたなら、それは正直うれしく思う。

中国には、**「水を飲むときに、最初に井戸を掘ってくれた人を忘れるな」**ということわざがあるそうだ。

これもまた、中国だけでなく、世界共通のルールだといっていいだろう。最初にリスクをとった人のことは、周りはずっと覚えているのである。

あなたは「最初に井戸を掘ること」にチャレンジしているだろうか。もしそうであるなら、あなたの挑戦を助けてくれる人は必ずや現れるだろう。

中国には「最初に井戸を掘ってくれた人を忘れるな」ということわざがある。最初にリスクをとった人のことは、周りはずっと覚えているのである。

17
プロのアントレプレナーを育てる

「日本からメガベンチャーが次々と生まれる起爆剤となる」というのが、私が起業したいちばんの目的だが、テラモーターズで成しとげたいことがもう一つある。

それは、プロのアントレプレナーの育成だ。

日本では、優秀な学生はみな大企業に就職してしまう。それはそれでいい。問題は、そこからアントレプレナーが育ってこないというところにある。現在の日本の大企業には、そういう環境が整えられていないのだ。

先日、当社では、二〇代の若者を中途採用した。

彼の前職は、名前を聞けば誰もが知っている大手タイヤメーカーだ。彼はそこに新卒で入社し、二年半働いてきた。

いってみれば日本社会ではエリートである。ところが、仕事をやらせてみてびっくりした。あまりにもスピードや行動力が足りないのだ。当社でいちばん仕事ができない社員よりも、はるかに劣る状況であった。

いい大学を出ているだけあって、地頭はいいし、論理的な思考もできる。ただ、自分でリスクをとって挑戦し、結果に対してコミットするという、ベンチャーでは当然のことを彼はやってきていないので、社会人になってから能力が伸びていないのだ。仕事をこなすことが仕事になってしまっていたのである。

せっかくいい素質を持ちながら、その素材を磨き、世界で戦える人材にまで成長できていない。

まさに**宝の持ち腐れ**である。

当社では、新入社員だろうが、若手だろうが、やる気のある人間にはどんどん仕事を任せ、第一線の現場に放り込む。

実際、フィリピンでは二五歳の社員、ベトナムでは二二歳の社員が現地に駐在し、市場開拓や工場稼働の準備などの業務を一人で行っている。**そんなに若くて大丈夫かと思うかもしれないが、それはいまだに化石のような年功序列が生きている日本人の感覚だ。**

かつては創業期のソニーでも、まだ大学を出て間もない二〇代の若者を、片道切符で世界各国に送り出し、市場を開拓させてきた。現代にあって、三〇～四〇代になってから初めて海外に行かせるというのは、むしろ奇妙なことなのだ。

それに、フィリピンやベトナムのような新興国は、二〇代で第一線で活躍している人もたくさんいるから、若手だからといって不利益を被《こうむ》ることはない。実力さえあればいくらでも道は拓ける。

そういう環境で働けば、大企業に比べて成長機会ははるかに多いだろう。

ただし、常に結果を求められるので、それに応えられないと、あっという間に居場所はなくなる。自分で獲物を取ってこられない人間を食べさせる余裕は、ベンチャーにはないのだ。

このテラモータースの過酷な現場で、五年から一〇年鍛えられた人は、スキル、考え方、人脈などあらゆる面で、プロのアントレプレナーとして通用する人材に確実に育つ。

さらに、当社では、優秀な社員には自社株を持たせている。いまから上場前の株を持っていれば、上場した際には独立に十分な資金を手に入れられる。

十分なスキルと資金があれば、すぐにでも起業ができるというわけだ。


シリコンバレーには**ペイパル・マフィア**という言葉がある。

今のシリコンバレーを引っ張っているメンバーのなかに、簡易決済サイト・ペイパルの創業期にかかわった人たちが多数関与していることから、彼らのことをこう呼ぶのだ。たとえば**ユーチューブ創業者**、**リンクトイン創業者**、**テスラモーターズ**のイーロン・マスクCEOも、このペイパル・マフィアの一人である。

彼らは常に大きな夢を描き、逆境を恐れず、戦略や発想を臨機応変に変化させることを躊躇しないといったペイパルの企業風土の継承者であり、さらにペイパル時代に築いたネットワークと資金力を持っている。

それらを駆使して起業や投資を行っているのだ。


シリコンバレーが特別なのは、世界中からアントレプレナー精神を持った優秀な人材が集まり、切磋琢磨《せっさたくま》するプラットフォームとなっている点だ。世界で覇権を握るメガベンチャーが身近に存在することで、「次は自分の番だ」と誰もが信じることができる。だがそれだけではない。ペイパル・マフィアのような急成長したメガベンチャーから人材がスピンアウトし、次のベンチャーを立ち上げる。そのような好循環が起きることで、巨大な産業クラスターをつくり上げているのだ。

私は、いまのテラモーターズの社員たちが、数年後ペイパル・マフィアのようにそれぞれメガベンチャーをつくってほしいと思っている。それが産業をつくるということだし、日本を再生させるための正攻法だと考えるからだ。

そして、それは決して夢ではない。そのときは、ペイパル・マフィアの向こうを張って、彼らをテラ・マフィアと名づけたい。

第3章

「企業」の枠を打ち破れ

―私が「世界で戦う会社」をつくった経験―

もしあなたが自分で事業を起こしたならば、その事業が、最初から順風満帆にいくことなど絶対にあり得ない。

思いもよらなかった壁が毎日のように立ちはだかり、それらを悪戦苦闘しながら一つひとつ乗り越え、じりじりと前に進んでいく。それがベンチャーなのである。

決して楽ではない。だからこそ、強いモチベーションが必要なのだ。

壁の高さに気圧《けお》されそうになっても、自分は何のためにこの仕事をやっているのか、そこが明確でぶれなければ、そう簡単に心は折れないのである。

どうせ夢を描くなら、できるだけ大きいほうがいい。

シリコンバレーの連中に比べると、日本の起業家は総じてこの夢が小さい気がする。

では、私がどんな夢を持って、短期間でテラモーターズをここまで育て上げたか。

第3章では、われわれが海外挑戦のなかで得た経験と知識を交えながら起業のストーリーをシェアしたい。まずは私の「モチベーション」の話から始めよう。

18 モチベーションを持続させる方法

起業は何をモチベーションにすればよいのだろうか?

起業する際に日本で多いのは、「お金を儲《もう》けていい暮らしができればいい」といった動機で事業を始める人だ。彼らは、売上が五億円や一〇億円になると、それまでお金がなくてできなかったことがある程度できるようになるため、途端にモチベーションが下がってしまう。もちろん、そんな社長の下では社員もやる気が出ないから、たちまち会社はジリ貧だ。「社会の役に立ちたい」といった志を本気で抱いていないと、必ずどこかで会社の成長が頭打ちになるのだ。

シリコンバレーにも、お金儲けが起業の目的という人はもちろんいるが、それ以上に多いのが、**「自分が世界を変える」という志を持つ人たちだ。**この場合は、売上や会社の時価総額が大きくなっても、そこでモチベーションが途切れることはない。それに、シリコンバレーにはスティーブ・ジョブズやマーク・ザッカーバーグのようなお手本がいくらでもいる。彼らをみていたら、自分にもできることがまだいくらでもあるという気持ちに自然となれるのだ。

また日本の起業家で、私が尊敬してやまないのがソニーの創業者である盛田昭夫氏だ。彼は三〇代でアメリカ市場を自らの手で開拓し、日本再建につながる成功モデルをつくり上げた。その想いの強さが表れる、有名なエピソードがある。

ソニーがまだ小型ラジオの売り込みに悪戦苦闘している時代、アメリカのブローバ社から、小型ラジオ一〇万台の大量受注を受けた。しかしその条件として製品に、ソニーではなくブローバの商標をつけろと言われたのだ。

盛田さんはそれを断った。創業期の企業にとって、「一〇万台の受注」はのどから手が出るほど欲しい数字である。だが、盛田さんのなかに**「日本を再生させて、アメリカに経済的にリベンジする」**という決死の覚悟があったからこそ、目先の受注よりブランドを優先させたのだった。

私自身の起業の動機も、**日本経済の再生**である。

だから国内シェアが一番になったからといって、まだスタート地点に立ったに過ぎず、満足することはあり得ない。私も盛田さんのように**世界の市場を席巻するような企業を日本から再び輩出させ、日本を立て直したいのだ。**

こういう話をすると日本では変わり者をみるような目でみられることが多いが、アメリカで起業している中国人やインド人、ベトナム人などには、自国の繁栄をモチベーションに働いている人は決して少なくない。

歴史を振り返れば日本にもそういう人はたくさんいた。ソニーの盛田昭夫氏やホンダの本田宗一郎氏、三洋電機の井植歳男氏のような戦後の経営者がそう。また私の郷土の先輩でもある高杉晋作や日露戦争の勝利に貢献した児玉源太郎も、日本を世界に冠たる国にすることが行動の指針となっていた。

彼らと比べれば私など、まだまだクレイジーの度合いが足りないかもしれない。そう考えると、さらにやる気が高まってくるのだ。

19

胆力と交渉力は窮地のなかでしか身につかない

以前、盛田昭夫氏の鞄持ちをしていた方から、「盛田さんの素顔は、無口で無愛想だった」と聞いたことがある。世界的な社交家として知られるその姿は、すべてが目的を遂行するための演技だったというのだ。そしてその目的とは、戦争で負けてボロボロになった日本を、再び立て直して、リベンジするということだった。

私にもかつて危機的な状況に置かれて、覚悟を決めた瞬間があった。

ある海運会社の事業を再生するため、四億円の負債を個人保証したのだ。

五年間のシリコンバレー滞在を経て、グリーンカードを申請していた時期に、妻の親族の会社から「倒産寸前の会社を立て直してもらえないか」という相談を受けた。

はじめはイノベーションとは縁の遠い、保守的な海運業界になぜという思いがあり、気が進まなかった。ただ、いままで心配をかけていた妻の家族に報いたいという気持ちもあって、一度コンサルティングだけはやることにした。

現場の実態調査を重ねるうちに、シリコンバレーで数多くのハンズオン支援を行ってきた経験から、「抜本改革をすれば事業再生できる」というシナリオが見えてきた。

しかし、当時の社長に改革内容を何度提案しても、「海員組合の存在もあって、とても無理だ」といってまったく行動に移してもらえなかった。あるとき、当時五七歳の社長は「自分の定年まで会社が持てばいい」というようなことをいってしまい、オーナーが激怒、私に急遽《きゅうきょ》、代表をやってほしいとの懇願があった。

日産のカルロス・ゴーン改革のようにやるべきことは明確であったが、果たして実行できるのか。私は悩んだすえ、やる決断をした。しかし四億円の負債を保証する印鑑を押すときには、さすがに手が震えた。頭ではわかっていても、手の震えが止まらず、しばらく印鑑を握ることさえできなかったのだ。

まずは社内の改革である。あらゆるコストを徹底的に削減し、社内制度にその仕組みを反映させた。最初はよそ者で最年少の私に、拒絶反応を示していた社員も多かったが、粘り強く説得し、本気度が伝わるにつれ、次第に賛同してくれる人が増えていった。

次に海運業界の労働組合を説得した。海員組合は日本一強固だといわれており、正直いって恐ろしかった。彼らの集まりに出かけるたびに、身がすくむ思いがした。しかし、業界の存続と長期の経営の重要性を説き続け、最終的には海員組合も制度改革に協力してくれた。

最後に、大手の海運会社との値上げ交渉。最初はまったく相手にされず、何度も交渉は決裂しかけた。それでも、おだてたり、怒鳴ったりしながら、次々と新しい手を打って、粘り強く交渉を続けた。

向こうは大企業のサラリーマン。こちらは四億の個人保証と、同業者の将来を担う後がない経営者。覚悟のレベルが違ったのだ。

関係者によると、当時の私は「黙っていても、刺されそうなほど怖かった」らしい。

一年間の交渉のすえ、目標だった値上げを果たし、その後数年間で経営は完全に立ち直った。

私は本来、内向的で、気の弱いほうである。しかし数々の挫折や失敗を経験することで、いかなる状況でもエネルギーが湧いてくるようになっていた。

後に引けない状況に追い込まれ、何が何でもこの交渉を成功させるという決死の覚悟もあった。そのエネルギーと覚悟によって、感性が研ぎすまされ、徹底的に行動し、多くの人を動かすことができたのである。

窮地を突破することで、人は変われるのだ。

身体を張って挑戦したことがない人、挫折を味わったことがない人には、リアルな権力闘争の場や、深刻な利害衝突がある状況で組織を引っ張っていくことはできない。教科書どおりにいかない現場で実践を積むことではじめて、ロジックだけでない腕力や胆力、統率力が身につくのだ。

20 得意なことより心からやりたいこと

起業をしようと思ったらまず最初に、進出する分野や事業を決めなければならない。このときほとんどの人は、これまでの経験を棚卸し、そのなかから選ぼうとする。知識やスキルがあることなら、そうでないものよりも成功する可能性が高いというわけだ。

だが、私はそうは思わない。

事実、私が大学で学んだのは化学だし、就職したのは損害保険会社で、テラモーターズを立ち上げるまで電気自動車や電動バイクとは、縁もゆかりもなかった。しかし、それでも何の問題もないし、門外漢だからといって不自由を感じたこともない。必要なら勉強すればいいのだし、専門家に助けを求めることだってできるのだ。

私は、**得意なことより心からやりたいことに取り組むほうをお勧めする。**

どんな新しい事業でも大切なのは、事業に対するモチベーションを持ち続けることだ。だが、これが意外に難しい。**自己啓発の本を読んで気持ちが高揚しても、その効果は、持ってせいぜい一週間である。**

では、どうすればモチベーションを持続させられるかといったら、やはり**寝ても覚めてもそれがやりたいと思うことを仕事にするのが一番だ。**

私の場合は、日本発のメガベンチャーをつくるというのが起業の動機だったので、最初は日本のコア技術を世界に向けて発信するような事業を考えていた。

しかし、そう思っていろいろ調べてみると、コア技術の開発を行っている技術者の大半は、日本では大企業に囲われてしまっている。たまに大企業をスピンアウトした人に出会っても、ビジネスマインドを欠くなどパートナーにふさわしい人材とはいい難いケースがほとんどだった。

そこで、コア技術にこだわるのはやめ、グローバル展開ができて、なおかつイノベーションを起こせるという観点から何をやるかを検討することにした結果、たどり着いたのが現在の電動バイクだったのである。

事業としてのEVや電動バイクの最大の魅力は、それが業界を丸ごと変えてしまうだけの破壊的な技術だというところだ。

たとえば一九九〇年代だったら、それはインターネットだったろう。しかし、現在ではITは一つの業界として確固たるものになってしまった。

では、この時代にかつてのインターネットくらいインパクトがあるものは何かといったら、それはEVなのだ。

世界的に環境に対する関心が高まるなか、ガソリンからクリーンエネルギーである電気への流れは必然だといえる。まさに私たちは、歴史的転換点のとば口に立っているといっていいだろう。

そして、走行距離やインフラといった問題が解決されれば、変化は一気に起こる。

しかも、垂直統合でつくられるガソリン車と、水平分業の電気自動車ではコア技術がまったく違うので、既存の自動車会社の優位性は薄まる。ガソリン車の時代には、それぞれの企業が下請け会社をつくり、独自のエンジン開発のノウハウを蓄積してきた。

しかし電気自動車では、同じ電池とモーターさえ使えば、別の会社でも似た品質の製品が作れてしまう。それどころか電気が主流になるとわかっても、エンジン部門にいる人をそう簡単に整理するわけにもいかないから、既存のメーカーは逆に不利だといえる。

それに、私たちの扱う電動バイクは自動車に比べ部品が少なく、少ない資本でできるうえに、まだ競合も少ない。変化の波の先頭に乗れば、世界でトップに立つことも決して夢ではないのだ。

その確信は事業を始めてから、日に日に強まっている。とにかく**仕事はエキサイティングで、モチベーションが下がる暇などないのである。**

どうすればモチベーションを持続させられるか？
それは寝ても覚めてもやりたいと思うことを
仕事にするのが一番だ。

21

信用を得るためには「信用されている人」のところへ行く

日本のベンチャーが海外で信用を得るのは、実はそれほど難しくはない。

まず日本企業ということだけで、他国の企業に比べ自動的に三割は信用がアップする。それから、日本である程度実績があり、なおかつ意思決定が早いという条件をクリアすれば、どこの国でも取引相手として信用してもらえるといっていい。ベンチャーだから評価が低くなるということもない。むしろ、日本の大企業は意思決定が遅いので、海外ではベンチャーのほうが有利なくらいだ。

信用を得るのが難しいのは、むしろ国内のほうかもしれない。

日本では、新しい会社と取引をするかどうか決めるのに、その会社の世間の評判や、同業者がその会社をどのように評価しているかが、重要な要素になる。

どこかがすでに取引しているのなら話は早いが、そうでない場合は、たしかに信用できるというお墨付きがないと、興味は示してくれても、なかなか正式に口座を開いてくれない。

だから、テラモーターズを立ち上げるにあたって、どうやってこの会社を信用してもらうかをまず考えた。そして、思いついたのが、**日本の実業界ですでに信用を築いている人たちに、当社の理念や事業の意義、将来性などを理解していただき、応援団になってもらうという作戦。**

さっそく私はあらゆる伝手《つて》を探し、みつからなければ当たって砕けろで、思いつくかぎりの人に会いにいき、ぜひ力を貸してほしいとお願いした。

いま思うと、ずいぶん図々しいことをやったものだが、それでもほとんどの人は私の話に真摯《しんし》に耳を傾け、応援を約束してくれた。それどころか、出井伸之《いでいのぶゆき》氏（ソニー元会長）、山元賢治氏（Ａｐｐｌｅ Ｊａｐａｎ元代表取締役）、松田修一氏（早稲田大学元ＭＢＡ教授）、村井勝氏（コンパックコンピュータ元会長）をはじめ、経済界のトップの方々が出資までしてくれたのである。

その理由は日本からもう一度、ソニーやホンダのような企業を輩出したいという、共通のビジョンを持っていたからだった。株主に彼らの名前があることで、国内における当社の信用は一気に高まった。採用面でも、大手メーカーで海外開発の経験を持つ、優秀なベテラン技術者からの応募が来るようになるなど、大きな効果があった。

ただ、それでも現場で電動バイクという製品を認知してもらうのは、簡単ではなかった。当時、バイクといえば、売り手も買い手もガソリン車しか頭にない。つまり、市場がないに等しいのである。そこで、まず電動バイクを一・五トントラックの荷台に四台乗せて自分でハンドルを握り、全国の二輪専門店やバイクの展示会場を回ることから始めた。

だが、反応は悪かった。

いわゆるバイク屋さんの経営者というのは、バイク好きが高じてそれを商売にしてしまったような人がほとんどなので、電動バイクは音が静かで振動も少ないといっても、

「それのどこがいいの？　そんなバイク、ちっとも魅力的じゃないよ」

となってしまうのだ。

そこで、**戦略を変えて家電量販店をターゲット**にすることにした。

電動バイクの動力は、いずれガソリンエンジンからモーターに置き換わるという話をすると、みな納得してくれるのだが、新しい市場ということで、取り扱ってもらうところまではなかなかたどり着けない。

そんなとき、人を介してヨドバシカメラの担当者と出会った。私が幸運だったのは、その若い彼が、類《たぐい》まれなベンチャースピリットの持ち主だったことだ。何度も話をするうち、彼もこの市場を開拓したいという思いを強め、最後はリスクを覚悟で当社の電動バイクを店舗で販売してくれる約束をしてくれた。ヨドバシカメラが風穴を開けてくれたおかげで、家電量販店業界に一気に販路が広がっていったのである。

どの業界もそうだが、**自分のところが先頭で新しいことに乗り出すのはどこも躊躇《ちゅうちょ》するが、どこか一社が始めると、今度は乗り遅れてはいけないという意識が働いて、次々と手が挙がるのだ。**

ちなみにガソリンスタンド業界では三菱石油、通信販売業界ではジャパネットたかたが、ヨドバシカメラと同じ役目を果たしてくれたのだった。

22 〇・五%の優秀な人材のために成長の場を用意する

私が目指すのは、シリコンバレー型のベンチャーだ。

具体的にいうと、ずば抜けて優秀な人間が集まって、日本の一〇倍の資金を調達し、スピードを持ってビジネスを世界市場に展開していく。そんなイメージである。

とくに立ち上げにあたっては、**志を同じくする優秀な人材が不可欠だ。**

だが、日本では、有能で将来性豊かな学卒は、右へ倣《なら》えで大企業に就職することになっているため、ベンチャーが若い才能を集めるのは、シリコンバレーほど簡単ではない。はっきりいって至難の業《わざ》だ。


私がテラモータースを起業した際も例外ではなかった。とりあえずハローワークに求人を出してみたものの、案の定、ベンチャーのスタートアップにふさわしい、あふれるばかりの野心とあくなき向上心を持った人は、待てど暮らせどやってきやしない。

それでも人手がないと始まらないので、バイクが好きだという国立大出の青年を一人採用し、二輪専門店の営業を任せてみた。

ところが、なまじバイクに詳しかったことが裏目に出る。

バイク屋さんに「音がないとつまらない」「エンジンの振動がなく楽しめない」といった電動バイクの特徴を指摘されると、すぐに納得し、そのうち私の話よりも、そちらのほうを信用するようになってしまった。しまいには営業から戻ると私に向かって、「電動バイクには未来がないからやめたほうがいい」と説教までする始末。これでは戦力にならない。

私が彼に期待していたのは、バイク屋さんからの受け売りの講釈ではなく、その常識を乗り越えるベンチャースピリットのほうなのだ。

結局、最初の社員は三カ月で会社を去っていった。

さて、どうしたものか。

就職情報誌に募集広告を出せば、ハローワークよりも希望に近い人材が採用できるかもしれないが、その分費用がかかる。利益も出ていないうちにあまりお金を使いたくはない。

あれこれ考えていたら、突然、以前名刺交換をした人のなかに、ベンチャー志望の学生を対象にしている人材会社スローガンの伊藤豊社長がいたことを思い出した。

さっそく彼に連絡をとり、会って話をすると、彼も日本からアップルやグーグルのようなベンチャーを輩出したいと思いながら仕事をやってきたということがわかり、その場で意気投合。後日、彼から二名の若者を紹介してもらった。

彼らは二人ともベンチャーに就職したいという。だが、ITで一発当てて一攫千金《いっかくせんきん》というような浮ついたところはいっさいなく、ともに世界で活躍できるビジネスパーソンになりたいというきちんとしたビジョンを持ち、仕事を通してそのために必要な能力を身につけることを望んでいた。

まさに私が望んでいた人材である。

さっそくインターンとして働いてもらうと、彼らは仕事に対する目的意識が明確だということもあって、教えたことをどんどん吸収していくので成長も早く、すぐに仕事を任せられるようになっていく。

結局当社では、その人材紹介会社を通して、六人の若者を採用した。

彼らと一緒に働いていると、これでは大企業に就職するのは無理だろうなと感じることがよくある。能力が足りないのではない。その逆だ。入社したその日からその能力を思い切り発揮し、さらに伸ばしたいと思っている。

だが、日本の大企業は、彼らのそんな希望を叶《かな》えてくれるシステムを持っていない。それに、企業側もそういう野心的な人間より、会社の指示に黙って従うタイプのほうが都合がいいと考えているから、結果として**彼らのようなシリコンバレー型の人材は、この国では行き場がなくなってしまう**のだ。

たぶん日本の新卒者の〇・五％程度の人が、そういう不遇をかこっているのではないだろうか。その〇・五％を探し出し、いかにアピールするかが、ベンチャーの採用の腕のみせどころなのである。

23 海外で勝つには「最小限を最短で」

日本メーカーの技術が高いのは、世界中の誰もが認めるところだ。

日本製というだけで性能がよくて壊れにくいと、顧客のほうで勝手に思ってくれる。まさに日本という国名が、そのまま信頼のブランドになっているのである。とくにアジアでは、いまでも日本製は多くの人にとって憧れの品だ。

その一方で、価格が高くて一般の人には手が届かないというイメージも、日本の製品にはある。

「ものがいいのだから、多少値段が高くなっても、それは仕方がない」

恐らく日本の大手メーカーは、そう考えているのだろう。たしかにそれは、日本以外にアジアにものづくりの担い手がいない時代には通用した。ただ、**価格というのは日本人が東京の本社でイメージしているよりも、海外では重要な要素なのである。**

テラモーターズは二〇一二年一二月に、フィリピン庶民の主要な交通手段である三輪タクシーのＥＶ化を目的とした現地法人を、首都マニラに設立申請した。

フィリピンの三輪タクシーとはバイクのサイドカーに人を乗せるものだが、ガソリンエンジンの出す排気ガスが深刻な大気汚染を引き起こしている。この問題を解決するため、フィリピン政府はアジア開発銀行（ＡＤＢ）の融資を受けて、国内の三輪タクシー三五〇万台のうち一〇万台をＥＶタクシーに置き換えるという国家プロジェクトを立ち上げ、その第一弾としてＥＶタクシー五〇〇〇台の入札が先日行われた。もちろん当社はそれにも参加している。


入札に手を挙げたのは全部で一一社。

中国、台湾、韓国、日本、それから地元フィリピンの企業だ。日本からは当社のほかにもう一社応札があったが、大手のバイクメーカーは出てこなかった。唯一大手一社が興味を示し、いろいろ検討していたようだったが、結論は見送り。

大手にとっても決して小さな規模ではないはずなのに、なぜ彼らは入札にすら参加しないのだろうか。

理由は、価格だ。今回の入札では、一台四〇〇〇から五〇〇〇ドルという価格帯がフィリピン側から提示されている。だが、先述の大手メーカーの担当者によれば、どんなに頑張っても五〇〇〇ドルは切れないということだった。

しかし、当社をはじめ入札に参加した一一社は、その価格帯でもつくることができるといっているのである。

たしかに一台五〇〇〇ドル台というのは厳しい金額だ。それを実現するには**思い切った割り切りをしなければならない。**

具体的にいうと、人を乗せるものなので、ブレーキ、ハンドル、フレームなどの安全に関する部分、それから心臓部である電池、モーター、コントローラー、このあたりは絶対に手を抜いてはならないが、その他のボディーのデザインやアクセサリー的なところは、それほどお金をかけなくてもいいのだ。

実際、フィリピンで三輪タクシーに乗ってみると、日本人には到底満足できない乗り心地のものもけっこうある。それでも運転手もお客さんも気にしているようにはみえない。これが現地の人の感覚なのだ。

きちんと市場のニーズをとらえていれば、過剰な品質などあり得ない。

ところが、日本の大手企業には、技術力とともに**ブランドとしてのプライドがあるので、この割り切りができない。**いかなる場合もすべてが完璧であることを求め、現地の人が満足するよりもはるか高いところに、合格点を設定してしまう。これでは五〇〇〇ドル超という価格になるのも仕方がない。


アジアではここ一〇年で中間層が新しく六億人も生まれている。

サムスンやＬＧなどはそこに向けて、**ほどほどの品質で手ごろな価格の製品を投入し急成長した。**それに対しシャープなど日本のメーカーは、その間もあくまで**技術にこだわり続け、結果シェアを大幅に減らしてしまった。**


グローバル市場で必要なのは、現地のニーズを発掘したら、不必要な機能は削ぎ落とし、コストを抑えて、できるかぎり早く市場に投入することだ。

デジタル化によって製品の開発スピードは圧倒的に上がった。高度な技術にこだわるあまり、製品開発に三年もかけていたら、商品が出るころにはニーズも変わり、市場を失ってしまう。

大手バイクメーカーに比べたらテラモーターズは、エンジニアの数も開発への投資額も勝負にならない。しかしスピードが求められる海外市場では、「最小限を最短で」を実施し、先手を取れば十分に勝負できるのである。

アジアではここ二〇年で
中間層が六億人も生まれている。
日本のメーカーは、
その間も技術にこだわりすぎて、
その結果、シェアを大幅に減らしてしまった。

24 アジアでは会社の規模より「ビジョン」が評価される

台湾の東芝と呼ばれるＴＥＣＯ（東元電機）という電機メーカーがある。モーターの分野では世界第三位の台湾を代表する企業だ。

あるとき、そのＴＥＣＯから当社に連絡があった。

一緒に事業ができないか、一度会って話をしたいというのである。もちろんこちらに断る理由などない。私はさっそく台湾に飛び、当社の事業内容やビジョンについて、ＴＥＣＯの担当者に説明をした。

驚いたのは、二度目の打合せのとき、早くもグループの会長、前社長、現社長ら経営陣がテーブルに着いたことだ。

こうなると話は早い。

重要な案件がその場でどんどん決まっていく。日本の大企業にはないスピード感に私は舌を巻いた。

それにしても、なぜそんなに自分のことやテラモーターズを信用し、評価してくれるのだろう。

彼らはその理由を、次のように説明してくれた。

まだ創業二年といっても、すでに日本の電動バイク市場ではトップだ。ビジョンが明確でその内容にも共感できる。本気でビジネスに取り組んでいて意思決定も早い。

つまり、彼らにとって大事なのは、相手の会社の大きさや歴史よりも、ビジネスに可能性が感じられ、なおかつトップの考え方や姿勢が、パートナーとして信頼できるかどうかということなのである。

とくに台湾や東南アジアの財閥、それから華僑などは、名刺に刷り込まれた社名よりも、**実際に会って話したときの印象で、この人間は信頼できるか、一緒に組んでビジネスができるかということを自分の目で判断して決める傾向が強い。**

そうすると、私のような人間は俄然有利になる。

小所帯のベンチャーなので、そこにチャンスがあるとみれば、予定を変更しても駆けつけられるし、わざわざ会社に持ち帰らなくても、私がリスクを負えばいいのだから、その場で決裁することだって可能だ。

そうすると、相手にもこちらの真剣度合いが伝わる。同じ日本企業でも、視察ばかりで何も決まらない大企業より、テラモーターズのほうが仕事がやりやすいということになるのだ。

それに、台湾や東南アジアの企業のトップと話すと、自分で起業したという人がけっこういる。先のＴＥＣＯの社長も、もともと自分でベンチャーをやっていて、その実績が認められてＴＥＣＯに社長として引っ張られたということだ。

ベンチャーを立ち上げ、経営することの大変さも知っているので、ベンチャースピリットを発揮してそういう困難に挑戦している人には、つい肩入れしたくなるともいっていた。

大企業のなかで安住している人よりも、**徒手空拳《としゅくうけん》で市場と勝負しようとしている人のほうが信用に値する。**そう考える人は、日本人が思っているよりも確実に多い。

25
海外の資金調達には戦略が不可欠

起業するには、ある程度の資金が必要だ。

すべてを手持ちのお金でまかなえるならなんの苦労もないが、そんな恵まれた人はまずいない。

シリコンバレーでは、ベンチャーキャピタルに出資を仰ぐのが普通だ。といってもベンチャーキャピタルのほうだって、別に慈善事業でお金を出すわけではない。それが投資先としてふさわしいと判断するから出資するのである。つまり、投資するほうもされるほうも、ウイン・ウインの関係なのだ。

日本もシリコンバレーのような環境が整えば、もっと起業がしやすくなるという人がたまにいるが、最近ではとても改善している。日本にも民間・政府系のベンチャーキャピタルがあって、ちゃんと機能しているからだ。たとえば当社は、みずほキャピタルパートナーズからの出資を受けているが、マーケット調査や取引先の紹介、果ては社員に向けた勉強会の開催など、一緒に汗をかきながら支援してくれている。

しかも、多くのベンチャーキャピタルでは、事業内容によって一〇億円から二〇億円程度の出資をするだけの体力は十分あるどころか、むしろ、いまはまだ魅力的な日本の投資先が少なく、投資先を必死で探しているような状態なのである。

また、アジア市場を狙うなら、シンガポールのテマセク・ホールディングス、台湾のＩＴＩＣのような、対象国の政府系ファンドを利用することもできる。その国の社会問題を解決したり、国民生活の向上に貢献できるようなビジネスであれば、出資を引き出せる可能性は高い。

フィリピンなどでは、財閥から出資や融資を受けるという手もある。彼らはお金は山ほどあるが、ノウハウや技術はないので、彼らの関心のある分野のビジネスを考えている人にとってはもってこいだ。

とにかく資金の調達に関しては、そのベンチャーキャピタルが何を評価するかを調査し、自分たちの事業とうまく重なるところを見つけてアプローチすること。**ただ気合い**

だけを前面に出し、私に投資してくださいと頭を下げても成功する可能性は小さい。大事なのは戦略である。

それから、日本の起業家は、それで箔《はく》が付くと思うのか、たいして利益も出ていないうちから六本木ヒルズのような家賃の高いところに事務所を構えたがるが、あれはあまり意味がない。

限られた投資で大きなリターンを生むのが経営の基本である。オフィスにお金をかけたところで、その投資に見合うだけのリターンがあるとは私には思えない。だから、当社の事務所は、**いまだに四畳半のレンタルオフィス**だ。

だが、電気自動車普及協議会の代表幹事を務める田嶋伸博《たじまのぶひろ》氏は、当社のその狭いオフィスを見て、本気で電動バイクの事業化に取り組んでいると感じ、逆にこの会社は信用できるといっていた。

ベンチャーキャピタルも、必ずそういうところをみている。

十分な売上がないうちは、事務所なんて自宅でも喫茶店でもかまわない。むしろ**覚悟をみせるほうが、立派な事務所よりも資金調達に関してはプラスになるはずだ。**

26 変革期のリーダーには仮説を捨てる覚悟が必要

市場や技術が急速に変わる現代では、プランを大幅に変える覚悟も重要である。

当社では一昨年、世間を驚かせるような「スーパーバイク」の開発を準備していた。次世代型の電動バイクをいち早く発表することで、電動バイクといえばテラモーターズ、というイメージを獲得しようとしたのだ。

数百万円の費用を投じてデザインを完成させ、いよいよ開発に取りかかろうという矢先、私の耳に気になる情報が入ってきた。

アジア開発銀行のファイナンスの下、フィリピン政府が一〇万台の三輪タクシーを電動化するプロジェクトを行い、それを製造する企業の入札を行うというのだ。

私はすぐにフィリピンに飛び、入札プロジェクトが本当に実行されるのかを確認した。新興国のプロジェクトでは、計画が延期や中止になることも多い。

私は、三カ月間で六回、フィリピンに出張し、一〇〇人以上の関係者にヒアリングすることで、このプロジェクトは政府・企業・市民のすべてにとってメリットが大きく、実現可能性が高いと判断した。また電動車両の製造経験のある会社が少なく、競合となりそうな相手も少ないことも分かった。


しかし、テラモーターズには、スーパーバイク開発とフィリピン入札を同時に行うだけのリソースはない。

そこで、費用対効果を考えて、スーパーバイクの開発を取りやめ、フィリピンの入札にコミットすることを決めた。


通常このような状況では、「スーパーバイクのプロジェクトもここまで進めたのだから、最後まで頑張りましょうよ」といった雰囲気になる。万が一、大企業で私のような決断を下したら、「ぶれている」とリーダー失格の烙印《らくいん》さえ押されかねない。

しかしいまの時代には、**朝令暮改**《ちょうれいぼかい》**の決断力**が求められるのだ。

結果として、二〇一二年一二月、アジア開発銀行はこのプロジェクトに三億ドルを拠出することを正式に発表した。

入札に向けて誰よりもコミットしてきたテラモーターズは、当時の決断もあって、入札受注の可能性を一気に高めることができた。

自分たちが正しいと思って立てた仮説でも、ベターなやり方があると判断したら、一《いっ》気《き》呵《か》成《せい》にプランを変えるべきだ。ビジネスプランを進化させる修正能力が、変革期のリーダーには必要である。

27 冠詞を「a」か「the」か気にするのをやめる

ビジネスにリスクはつきものだ。

リスクをとる勇気なしに、ビジネスで成功はできないといってもいいだろう。

ただし、リスクを最小化する方策や、最悪の場合はどうするかということは、常に考えておく必要がある。

海外でビジネスを行う際、最も気をつけなければならないのは、**情報の精度**だ。

とくにアジアの新興国の場合、怪しい人がいい加減な情報を持って近づいてくることもよくある。そういうものに振り回され、貴重な時間やお金を無駄にしないためには、できるだけ**情報源を増やす**といい。私は、重要な案件なら五〇人、最低でも三〇人くらいのいろいろな立場の人間に会って、総合的に判断するようにしている。

また、自分は日本にいて、現地のコンサルタントから上がってくる報告だけで判断するのは危険だ。相手がこういっているという話を、第三者を通して聞いても、そのときの相手の表情や雰囲気までは読み取れないから、どうしても確度は低くなる。それに、代理人を介してのやりとりでは、こちらの熱意だって半減してしまうだろう。失敗したくなければ最終的な判断は、自分で現地に出向き、実際に相手と話してから決めるべきだ。

たとえ相手が信用できると思っても、いきなり出資して合弁会社をつくったりせず、最初は部品の供給から始め、ある程度実績ができたところで、次の段階として合弁会社を設立するというくらいの慎重さもあったほうがいい。

ただし、あまり慎重すぎると今度はビジネスに欠かせないスピード感が失われてしまう。このあたりのバランスは、自分で経験を積んで体得していくよりほかない。

もう一つ海外で大事なのは、**日本的な完璧主義を持ち込まない**ということ。

アメリカ人もかなりアバウトだが、東南アジアはさらにそれに輪をかけてアバウトだ。だが、ある意味それが彼らの文化でありスタイルなので、日本人のようにきちんとやれといっても、それは無理だといわざるを得ない。

それに、腹を立てたところで状況は変わらないものだから、まじめな人ほどストレスがたまって、自分でつぶれてしまう。私はこれまでそういう日本のビジネスパーソンを、どこの国でもたくさんみてきた。

そうならないためには、自分のほうが相手の基準に合わせるようにすればいいのである。約束の時間に三〇分遅れてきたからといって、それに目くじらを立てるのではなく、あらかじめこの国では、**一時間の遅れまでは想定内**と、自分のなかで決めておけばいいのだ。

日本にも、「郷に入れば郷に従え」ということわざがあるが、**海外ではそういう柔軟性が、日本以上に求められるのである。**

ついでにいえば、**日本人の英語がなかなか上達しないのも、この完璧主義が原因だ。**

シリコンバレーではみな英語で話をするが、中国人やインド人の英語はかなりひどい。それなのに、彼らは相手がアメリカ人だろうが、そのひどい英語で臆《おく》せずどんどん話しかけ、ちゃんとコミュニケーションをとっている。

ところが、日本人はというと、ここの冠詞はａかｔｈｅかとか、前置詞はｏｎと

ｂｙのどちらが正しいのかとか、**そんなことばかり気にして、なかなか発言しようとしない。これでは英語なんて上達するはずがないのである。**

あとは、海外の企業とビジネスをする際は、自分たちが求めていることと、相手が欲しがっていることを正確に理解し、お互いが満足するスキームをあらかじめつくっておくこと。これも日本の企業はあまりうまくない。

相手はあくまで自分の国のマーケットで売れる製品が欲しいのに、日本企業は国内で売っているのと同じ、高機能だけど価格が高い製品をそのまま現地に持ち込むようなことを平気でする。これではうまくいくわけがない。

また、華僑と一緒にビジネスをやると、儲けが出たら彼らはすぐに利益を要求してくるので、もし、しばらくは利益を投資に回し、長期的な成長を狙いたいと考えているのなら、最初にそういう話をして意思統一をしておくこと。

この配当政策の共有というのも、海外のパートナーの場合はとくに大事だといえる。

東南アジアのアバウトさには、まじめな人ほどストレスがたまって、自分でつぶれてしまう。日本的な完璧主義は持ち込まないことだ。

28 戦略の軌道修正は「歴史」と「世界」に学ぶ

環境やエネルギー、経済性などさまざまな要素から判断すると、遠からず世界規模の巨大な電動バイクの市場ができあがるのは、もはや自明だといってもいいと思う。

そうすると、いずれ多くの競合が雪崩《なだれ》を打って参入してくることも覚悟しておかなければならない。電動バイクはパソコンと同じく、水平分業でつくれるので、自前の工場がなくても生産は可能だ。

そして、競合が増えていけば、行き着く先は価格競争だ。そうなったらビジネスのおもしろ味はなくなってしまう。

だが、おそらくそうはならないだろう。

たしかに電動バイク市場はガソリン車のそれと比べ、参入するのは簡単だ。

だが、製品の安定供給や品質管理のためには、世界中で購入できる販売店の開拓、すぐに修理できるメンテナンス網の整備・教育、部品の保管とそれを輸送する物流手段の確保も必須。こういうものをすべてきちんとやるとなると、販路、メンテナンス網などを先に押さえたファーストムーバーが勝ち組になっていく。

さらに、どこかがその仕組みをつくって一万台規模の量産体制に入ってしまったら、後発メーカーは圧倒的に不利になる。量産効果で、小ロットとは桁違いのコストダウンが可能になるからだ。

それから、歴史も参考になる。

かつて日本にガソリンバイクのメーカーは、なんと一七八社もあった。だが、現在はわずか四社が市場を独占している。やはり**早く体制を整え、市場を押さえたところが残ったのだ。**世界各国をみても三～四社の寡占となっており、鍵は早く一万台規模の量産に入りコストダウンできるか否かである。

市場がいちばん大きいのは中国だが、この国だけは例外で、一〇〇社以上のメーカーが乱立している。ここでは、「壊れたら乗り換える」スタイルが定着しているため、安くバイクを販売する代わりに、アフターメンテナンスは行わないという特殊なマーケットとなっているのだ。

だからわれわれが狙うのは、二〇一四年までに、電動バイクの分野で電気自動車でいうテスラモーターズのようなカテゴリートップをとること。

それを達成すれば、その後大手企業が参入してきても市場全体を拡大するだけで、一定以上のシェアは必ずとれる。この二年間の勝負に勝てれば、日本発のグローバルベンチャーを生み出せるのだ。

これから自分がやろうとしている事業が果たしてうまくいくかどうか、あるいは競合他社に勝つにはどんな戦略をとればいいのか、**迷ったら海外市場や歴史に目をやると、かなりの確率で答えが見つかる。**

とくにベンチャーの場合、思い込みややる気だけでものごとを進めようとすると、思わぬ落とし穴に落ちることが少なくないので、それは避けたほうがいい。

第4章

「国境」の枠を打ち破れ

―世界で勝てる本物のグローバル人材―

「これからは日本人も国際感覚が必要だ」

「どんな日本企業もグローバル人材の育成が急務である」

そういわれるようになって久しいが、そのわりに人材のグローバル化は進んでいないように、私の目には映る。

たしかに、企業が社員に英語を勉強させるようになったり、TOEICの点数を採用や昇進の際の基準にしたりといった変化はみられるようになった。

しかし、TOEICの点数が上がればグローバル市場でも活躍できるようになるかといったら、それは少し違う気がする。

私が現地でビジネスを展開するなかで見えてきた、本当に世界で活躍できる「グローバル人材」とはいったいどんな人材なのか。それはいま、日本でいわれている「グローバル人材」とはまったく違う発想を持った人物なのである。

29 世界のことは頭だけでは決してわからない

仕事で東南アジアの国に行くようになった当初は、彼《か》の地は私にとって非常にストレスのたまる場所だった。

街でタクシーに乗り行き先を告げると、運転手がメーターを倒し、そこから料金が加算されるのは、東南アジアも一緒である。ただし、日本なら後ろの座席で眠っていても、ちゃんと目的地まで行ってくれるし、着いたらそこでメーターに示された料金を支払うだけで済む。

ところが、タイやベトナムだとそういうわけにはいかない。

運転手は平気で道を間違えるから、おちおち居眠りもしていられないし、迷っても悪びれる素振りも見せない。ようやく到着して料金を払おうとすると、当たり前のように一〇%、二〇%の上乗せした金額を要求してくる。

仕事も一筋縄ではいかない。アポイントメントをとっても、相手が約束の時間に遅れてくるのは日常茶飯事。納期を守るという意識も薄いし、納められた製品が仕様書と異なることもしょっちゅうだ。

要するに、**すべてがいい加減なのである。** そして、そのいい加減さの一つひとつが私をイライラさせ、ストレスとなって私のなかに積もっていく。もうこんな国で仕事などするものかと、切れそうになったのも一度や二度ではない。

ところが、我慢して何度も足を運んでいるうち、だんだんイライラの量が減ってきた。といっても、現地の人は依然としていい加減なままである。

変わったのは私のほうだ。

「ここは東南アジアなんだからしょうがない」

と、いつの間にか、彼らのいい加減さを受け入れられるようになったのである。

そういえば、MBAを取得して憧れのシリコンバレーで仕事を始めたときも、最初はアメリカ人のアバウトさが嫌でたまらなかったが、そのうち慣れてしまった。ここではある程度アバウトでないとやっていけないことがわかり、自分も同じようにアバウトに考え、行動するようにしたら、気にならなくなったのだ。

そういう経験をしていたから、東南アジアでもはじめのころこそとまどったものの、ほどなく順応することができたのだろう。

日本にいて日本人とだけ仕事をしていると、自分たちの常識やルールが世界標準だと、つい思い込んでしまう。だから、**外国に行っても、自分の慣れ親しんだやり方に固執し、そこからはずれたものは間違いだということにして、相手のやり方を認めようとしない。**

これでは、いくら英語が上達してもコミュニケーションはとれないし、ましてや仕事がうまくいくはずがない。

世界は決して一様ではない。東南アジアに行けば東南アジアの、アメリカにはアメリカの人たちが正しいと信じている基準があるのである。それを理解し、許容する。

グローバル化というのはこういうことをいうのである。

「日本もまた世界のなかの一つの国である」というように、相対化できるのがグローバル人材と言い換えてもいいかもしれない。

しかし、これを頭で理解しようとしても無理がある。

実際、自分で世界のあちこちを歩き、いろいろな人と触れ合い、さまざまな文化や価値観があるということを肌で感じることが必要なのである。

当社の社員をみても、学生時代に**バックパッカー**や**海外ボランティア**などを経験している人ほど、外国に行ってもすぐに現地に溶け込んで仕事ができるようになる。

グローバル人材を目指すなら、家に帰ってTOEICの勉強をするより、まずは日本を出て自分の目で世界をみてくることだ。現地に飛び込むことでしか、世界を渡り歩くためのいわば免疫力や耐性は身につかない。

「日本もまた世界のなかの一つの国である」
そう相対化できるのがグローバル人材、
と言い換えてもいいかもしれない。

30
日本の駐在員が現地で人脈をつくれない理由

当たり前だが、海外での生活は日本とはまるで違う。

企業の駐在員が言葉、食事、住居、交通機関、気候、店の品ぞろえ、通信事情など、日本と異なるもの一つひとつに慣れ、自然に暮らせるようになるまで、それがどこの国であれ、最低半年はかかるといっていいだろう。

この適応ができないうちは、人脈づくりどころではない。

韓国のサムスンやヒュンダイの社員にしても、実情は同じである。

ただ、彼らは日本人と違って、地元の人の集まりなどにも、実に積極的に参加していく。もともと社交的だからというよりも、現地に受け入れられ、仕事に必要な人脈をつくるのが、自分たちに課せられた使命なのだという強い自覚があるからだ。

一方、日本の大企業から派遣されている駐在員の多くからは、そういう意識はあまり感じられない。

日本人の駐在員は、たいてい単身赴任だ。だから淋《さび》しいのか、休日のたびに同じ境遇の人たちが集まって、ゴルフやバーベキュー、カラオケパーティに興じる。そうやって自分たちが安心できるコミュニティをつくり、そこから出ようとしないのだ。

しかもそのコミュニティのメンバーは日本人だけ。これでは、**日本人専用のバスに乗って、窓から現地を視察しているのと変わらない。**そこで暮らす人たちと知り合って、表に出ていない情報を手に入れるような機会は皆無である。

それに、腰を据えて自分たちと一緒にやっていこうという姿勢がみえなければ、地元の人たちだって、真剣につきあおうとはまず思わない。

それなのに、そうやって日本人だけで休日ゴルフをやって過ごすことを、本社も推奨しているというのだから呆《あき》れてしまう。なんでも、あまり社会に入り込むと現地の悪い女性に引っかかって、国際問題を引き起こしかねない。それよりも日本人とだけつきあってくれていたほうがいいというのである。

サムスンやヒュンダイの社員が、必死になって人脈づくりや市場開拓に汗を流しているのと大違いだ。

その程度の心構えだから、日本企業の駐在員は三年滞在しても、たいてい表面的な人間関係しか構築できず、しかもその人間関係も帰国すれば途切れてしまう。これもまた日本人の特徴だ。

以前、サムソンの日本支社に勤める韓国人と飲んでいたとき、「徳重さん、日本人は死ぬ気で仕事していないんですか?」と聞かれたことがある。日本人のビジネスマンと接していると、時折仕事への情熱のなさに拍子抜けしてしまうというのだ。

韓国はアジア通貨危機の際にデフォルトしかけており、そこから執念で這い上がってきた。いまの韓国人が持つ「がむしゃらさ」は、日本人に足りないものだ。

そして私が知っている韓国人も中国人も台湾人も、みな**一度築いた人間関係は非常に**

大切にする。それは、**最新の情報を得たり、人を紹介してもらったりするとき、いちばん確実なのは人間関係だということを知っている**からにほかならない。

だから、いったん信頼関係を築いたら、その人のことはとことん大事にするし、帰国したからといって関係を断つようなことは、もちろんするはずがないのである。

世界で仕事をするときに、人脈がいかに大切かということがわかっていないというのも、日本の大企業に勤めるビジネスパーソンの特徴であり、弱点だといっていいだろう。

31
最初から世界市場を狙う

いまや世界の産業経済の中心は、欧米からアジアを中心とする新興国へとシフトしている。

市場の成長性をみれば、アジア全体を日本の「国内需要」と見なすくらいの意識改革をしたほうが、日本の経済成長につながるだろう。

つまり日本企業の成長は、グローバルに基軸を置くということを、リーダーが自覚できているかにかかっている。

このようなシフトが必要なのは、新興国市場の成長性に加えて二つ理由がある。

一つは、競争がグローバルに起こっているからである。先日のフィリピンの入札プロジェクトがよい例だが、世界には国内需要の何倍もの需要があり、進出しなければどんどん他の国にチャンスを奪われてしまう。

二つ目は、グローバルスタンダードを押さえるためである。かつてのビデオや携帯電話の規格争いのように、世界規模でのスタンダードをとることは重要である。

これからの時代は、フィリピンの「EVタクシー」の事例のように、まずは売れる国を見つけて販売実績をつくることが重要だ。

だから、最初から世界市場を狙うこと（ボーングローバル経営）がこれからの経営のスタンダードになるだろう。

戦後、ソニーや松下が手探りで海外進出を始めたころは、会社から市場開拓ができるまで帰ってくるなと命じられ、みな片道切符で現地に向かったという話をよく聞く。だが、いまの日本企業の駐在員に、それほどの覚悟はみられない。

むしろ感じるのは、たいした成果が出せなくても、海外市場は難しいから許してもらえるという甘えのほうだ。

よく、日本のビジネスパーソンが海外で活躍できないのは、英語力が不足しているからというようなことをいう人がいるが、絶対にそうではない。

足りないのは、なんとしてもここでビジネスを成功させるという覚悟であり、責任感のほうである。それが弱いから、日本企業は海外で、韓国や台湾といった新興国にも後れをとってしまうのだ。決して英語力だけの問題ではない。

テラモーターズでは、現在ベトナムとフィリピンに駐在員を置いている。

ベトナムの林信吾は二〇一一年入社の二五歳、フィリピンの関鉄平は二〇一二年入社の二二歳。ともに現地法人の設立や工場の稼働、販売網の構築などのミッションを与えられての赴任だ。（詳細は巻末インタビューに掲載）

二人とも若いが、そこに甘えの余地は微塵《みじん》もない。彼らのミッションには、ある意味会社の命運がかかっている。だから会社はあくまで結果を厳しく追求するし、本人たちもそれを承知で現地に赴いているのである。

日々の業務が過酷なのは百も承知だ。自分の住むアパートを探すのも、人脈をつくるのも、何から何まで一人でやらなければならない。しかも、そのすべてが未経験のことなのだ。

だからこそ、それらを乗り越え結果を出すことができれば、彼らはそこで大きく成長することができる。教育システムがしっかりしている大企業に比べれば、当社のやり方はかなり乱暴に映るかもしれない。しかし現地で実践をつめば、間違いなく力がつく。

結局、**いくら研修でノウハウを教えたところで、しょせん畳の上の水練である。そんなものは実践ではたいして役に立ちはしない。**それよりも現場に放り込まれてアウェーで闘い、能力を超える課題を前にすれば、自分には何が足りなくて、どんな勉強をしたらいいかが嫌でもわかる。しかも、結果を出さなければならないという切実感を伴うので、すごいスピードで成長していくのである。

あまり過保護にしすぎていたら、いつまで経ってもグローバル人材など育たない。

いまやグローバル化はどこの国でも必然なので、もう海外勤務を特別なこととして扱う必要はないだろう。

社長も社員も、グローバル市場で闘うことを「当たり前」にしていくべきなのだ。

ところが、外国で日本企業の駐在員に会うと、どういうわけか自分は選ばれた人間なのだという「エリート意識」のようなものを持っていることがある。

とくに新興国では、駐在員には最初からプール付きの広い家が用意され、身の回りの世話をしてくれるメイドまでいる。それだけでも日本よりはるかにいい生活ができるというのに、特別手当まで支給されるのだ。自分はエリートに違いないと信じ込んでしまう人がいるのも無理はない。

会社にはいろいろな仕事がある。営業と製造は部門が違うだけで、どちらが上などという議論は無意味なはずだ。

同じように海外でビジネスを行うほうが、国内でやる仕事より難しく、高度だというのは、グローバル化以前の発想なのである。

いくら研修でノウハウを教えたところで、
しょせん畳の上の水練である。
それよりも現場に放り込まれ、
能力を超える課題を前にすれば、
どんな勉強をしたらいいかが嫌でもわかる。

32
MBAを取るなら必ず海外で

私は三〇歳のとき、米アリゾナ州のサンダーバード大学でMBAを取得している。

よく「MBAは起業や経営の役に立ちますか？」という質問をされるが、私自身は実際の仕事で、MBAで学んだことの恩恵をあまり感じたことはない。

MBA程度の知識は本でも得られるし、最新の情報はインターネットを利用すれば手に入る。わざわざビジネススクールに通うまでもない。

それに、そこで行われているのはしょせん**勉強のための勉強**だ。

企業会計の授業であれば、会社の財務諸表を見ながら、どこに問題があって、何をどうすれば健全化するかという説明が必ずある。だが、売掛負債が多すぎるとか、流動比率が小さいから自己資本を増やすべきとか、そういうことを教室でいくら教わっても、自分の身に降りかかってくるという切実さがない。それゆえすぐに忘れてしまうのだ。

しかし、自分で起業や経営をしてみると、財務諸表に書かれているのはシミュレーションではなく、すべてが自分に関係のあるリアルな数字である。しかも、それが読めなければ自社や取引先の状態もわからないのだ。

そうなれば、誰だって必死になって勉強せざるを得ない。そして、こういう状況下で覚えたことは決して忘れないし、すぐに血肉化する。

有名大学のＭＢＡを持っているという事実が欲しいというなら別だが、そうでないなら、**実際に仕事をしながらその時々で必要な勉強をしたほうが、絶対に効率的だし無駄もないので、私はこちらをお勧めする。**

もしＭＢＡ留学に意味を見出すなら、それは**アウェー体験**ということだろう。

私の通ったサンダーバード大学には、世界中の多くの国から学生が来ており、そこでは私も、マイノリティの一人だった。そのうえ英語が母国語でないため、コミュニケーションや授業の理解が、英語圏の人たちのようにスムーズにはいかない。日本人だからといって不利な状況に置かれるというのは、日本ではなかなか味わえない貴重な経験だ。そのような状況下でのＭＢＡ取得は、想像していた以上に厳しかったが、おかげで日本人が世界で戦うというのはどういうことなのかが実感できた。それは私の人生にとって大きなプラスになったといえる。

それから、クラスメートとのディスカッションを通じて、こういう場合中国人はこう考える、台湾人の思考にはこんな特徴がある、といったようなことを肌で感じることができたのも、海外留学で手に入れた財産だといっていいだろう。

ところが、日本の大学でＭＢＡを取っても、そのようなアウェーの経験はできない。海外からの留学生が多い大学もあるが、それでも日本であるかぎり、自分たちがマジョリティという意識で留学生と接することになってしまう。授業にしても、日本人に合ったトピックが選ばれるから、楽だが得るものは少ない。

もしＭＢＡを取得するなら、絶対に海外の大学を選ぶべきだ。

もし日本にいるならわざわざMBAのために大学に通い直さなくても、**外国人の多いドミトリーやゲストハウスに住んだりして、異国の人たちと交流を深めたほうが、これからのグローバル化を考えたら、よほどメリットが大きい。**

たとえば、そこで友だちになった外国人から、江戸時代の鎖国について質問されたとしよう。ところが、母国語でない言葉で、自分と同じバックグラウンドを持たない相手に、日本の歴史を説明するのは慣れないとかなり難しい。

しかし、日々そういう環境にいれば、だんだんと勘所がわかってくる。

これは、まさに世界に出て、異文化の人とコミュニケーションをするときの格好の訓練といっていいだろう。

せっかくそういう経験ができる場が手近なところにあるのだから、利用しない手はない。家でCNNを観たり、NHKのラジオ講座で英語を勉強したりするのもいいが、長期にわたって続けようとすると、モチベーションの維持が難しくなってくる。その点、周囲に相手がいれば会話のキャッチボールができるので飽きることがなく、効果的な学習ができるのである。

マイノリティとして不利な状況に
置かれるアウェー体験でこそ
グローバル人材としての
効果的な学習ができるだろう。

33 英語は文法よりコンテンツと情熱を伝える

世界に出ていこうというとき、まずぶつかるのが英語でのコミュニケーションの問題だ。どの程度のレベルまで英語力を身につけるべきか、多くの人が不安に思うだろう。

私の答えは、シンプルだ。

英語は、とりあえず**いいたいことが伝えられるレベルなら、海外でも十分ビジネスはできる。**

母国語が英語でない日本人に、完璧な英語なんて誰も期待していないので、多少発音や文法が間違っていたって、それほど気にすることはない。

そんなことをいったら、中国人やインド人の英語など聞けたものではないが、それでも彼らは堂々と英語を話し、ちゃんとそれで交渉したり、契約をまとめたりしている。それは、彼らの英語は下手でも、ロジックがしっかりしているからだ。

つまり、**いいたいことがちゃんとあって、なおかつ話を論理的に組み立てられるなら、何も恐れることはないのである。**

もし、発音や文法の誤りが原因でビジネスに支障が出るというなら、支障が出ない程度まで、そのときになってはじめてトレーニングすればいいのだ。**ちゃんと通じているのに、いやいや、こんなものじゃまだダメだとさらに上を求めるのは、もう趣味の段階である。**そんな時間があるなら、もっとビジネスに直結することをやるべきだ。

それに、語学を上達させたかったら、とにかく話さなければ始まらない。

先日、一緒にフィリピンを訪れた日本のベンチャーキャピタルの人も、飛行機のなかまではとても饒舌《じょうぜつ》だったが、現地に着くと途端に無口になってしまった。

優秀な大学を卒業し、決して英語が苦手というわけでもないのに、**完璧でない英語を口にしてはいけないと、自己規制**しているように私には見えた。こういうタイプは日本人に多い。だが海外にはまずいないタイプといっていいだろう。

私は、自分の英語がうまいとは思っていない。もっとはっきりいえば、かなりブロークンだ。

だが、そのブロークン・イングリッシュでも、海外で困ることはない。いいたいことは伝わるし、相手を説得し、心を動かすことだってできる。

なぜか？

それは、私が正確さよりも、**言葉にパッションを込めて話すことを大事にしているか**らだ。

英語力ばかりに気をとられている人に伝えたいのはまさにこの点だ。

「なんとかこれをわかってほしい」

「どうしてもこのことを理解していただきたい」

そういう**自分の気持ちを、目をみて真剣に話せば、それが外国人だろうが、その思いは必ず相手に届くのである。**

だから、私は**大事な交渉でも通訳は使わない。**いくら流暢《りゅうちょう》な英語でも自分の言葉でなければ、情熱は伝わらないからだ。

それに拙《つたな》い英語で悪戦苦闘しながらも、なんとかコミュニケーションをとろうとしていると、逆に相手はその様子をみて、こちらに好印象を抱いてくれることもある。

フィリピンのカラオケで、日本人がローカルの言葉であるタガログ語で歌っているところに遭遇したことがある。決して上手なタガログ語ではなかったが、それを聞いている現地の人は拍手喝采で、たいへん盛り上がっていた。

外国人が、わざわざ自分たちの言葉で歌を歌ってくれたら、うれしくないはずがないだろう。

「あなたたちと本気で心を通じ合わせたい」

コミュニケーションにおいては正確さよりも、その情熱を伝えることのほうが何より重要なのである。

「なんとかこれをわかってほしい」
そういう自分の気持ちを、
目をみて真剣に話せば、
それが外国人だろうが、
その思いは必ず相手に届くのである。

34

権限の委譲が人材を育てる

社内でグローバル人材を育てるいちばんいい方法は、やる気のある人間には年齢に関係なく、思い切って海外に派遣し、そこでの仕事を任せるのだ。

このとき大事なことが二つある。

一つは、**理念とビジョンの共有。**

海外では、日本にいるときには想像もしなかったことが、毎日のように起こる。そのとき何をどうするかを判断するのは、現場を任されている人間だ。いちいち本社の判断を仰いでいたら、みすみすビジネスチャンスを逃してしまいかねないし、何より現場の状況は、そこにいる人間がいちばんよくわかっているのだから、そんなのは当たり前である。

では、彼は何を基準に判断を下せばいいのか。それが理念とビジョンなのだ。

当社には、「日本発のメガベンチャーになる」「業界にイノベーションを起こす」「新興国の環境改善」「アジアのグローバルリーダー育成」といった企業理念があり、それをベースにビジョンが描かれている。そこのところがきちんと理解されていれば、私に電話で確認をしなくても、「徳重ならこうするだろう」というのがわかるはずなのだ。

ただし、理念とビジョンの共有というのは、それほど簡単ではない。**たいていの会社の社長室には、額に入った企業理念が飾られているのに、それを意識しながら働いている社員はほとんどいないというのが現状**なのである。**理念とビジョンは、社員一人ひとりの骨の髄まで沁《し》み込んで、初めて力を持つ。**そうなるまで、しつこいくらい厳しく叩き込まなければならない。

当社では、毎週土曜日の午前中に行われる営業会議、通称**「テラの寺子屋」**がその役目を果たしている。そこで私は社員から上がってくる報告を聞きながら、それはテラモーターズの理念と合致しているか、ビジョンにかなっているか問い詰め、同時に自分でも考えを巡らす。こうすることで、理念とビジョンの浸透を図っているのだ。歴史に例えると、まさに吉田松陰の「松下村塾《しょうかそんじゅく》」のような光景だろう。

だから、海外に派遣した社員にも、大胆に権限の移譲ができるのである。

もう一つは、任せるだけでなく、**結果に対し責任を持たせる**ということ。若いのだからこの程度でいいという言い訳は、当社では絶対に通用しない。

しかしながら、どうやって結果を出すのか、そのプロセスの部分は本人に任せている。

だいたい、私たちの取り組んでいるＥＶは、業界自体がまだ新しく、どれが正解かなんて誰も知りはしないのだから、私のやり方のほうが優れているとは必ずしもいえないのである。それに、四〇代の私の考えを二〇代の社員に押し付けるより、彼らの発想を尊重したほうが、彼らだってモチベーションが高まるだろう。

ただし、どういうやり方をするのかという報告は必ずしてもらい、そこで、「それでちゃんと結果が出るのか」「責任を持てるのか」という確認はするようにしている。そこは抜かりなくやるべきなのだ。

たいていの会社の社長室には
額に入った経営理念が飾られているのに
それを意識しながら働いている社員は
ほとんどいない。

第5章

「人生」の枠を打ち破れ

―親の期待に縛られるな―

日本では起業家というと、もともと進取の気性に富んだ人、あるいは特殊な感覚や才能を持った異色の人材のようにみられがちだ。

逆にいえば、そうではない「普通の人」は、自分で事業を起こしたりはしないと思われているのである。

私も、メディアの取材を受け、後日できあがった記事を読むと、常識外れのクレイジーな人間のような書き方をされていて、ああ、そういうふうにみえるのかと苦笑いすることが少なくない。

たしかに、平均的な日本人の目には、いまの私がやっていることはクレイジーに映るのだろう。それはそれで仕方がないし、別段気にもならない。

ただ、自分自身の人生を振り返ってみると、少なくとも一〇代のころまでは、私も普通の人だった。中学や高校の同級生の誰に聞いても、私が起業家になると予想していた人はいないはずだ。

私がどのような人生を経て、クレイジーといわれる「挑戦」に至ったか。

その軌跡が、いま前に進むことを躊躇《ちゅうちょ》している人の参考になればと思う。

35
本との出会いで人生は変わる

私が育ったのは山口県ののんびりした田舎町。

いまはそうではないかもしれないが、当時は塾もなく、そこでは誰もが地元の小中学校に通い、近隣の公立高校に進学するのが当たり前だった。

そんな地方の学生生活で特筆するような経験は、中学のときに生徒会の副会長を務めたことくらいしか思い浮かばない。とくに何かを目指すでも、何かに反発するでもなく、周囲の流れに合わせ、淡々と日々を過ごしていた。

それは、父親の影響でもあった。

まじめに勉強し、いい大学に入り、地元の一流企業に就職するか公務員になるのが理想の人生。

父親は、そういうとてもわかりやすい価値観の持ち主であり、私は、家庭でその価値観にどっぷり浸かって育った。そして、いつしか自分には、そういう父親の理想の人生以外の選択肢はないのだと思い込むようになっていたのである。

そんな私の転機は、浪人時代に訪れた。

私の通っていた高校では、偏差値に応じた大学を受験するよう指導がされており、進学率はほぼ一〇〇%。浪人する人など滅多にいない。だが、**私はあえて、その滅多にいない浪人を選んだ。**

先生からは、地元の国立大ならなんとか入れそうだといわれていたのだが、それを自分の実力と認めたくなかったのだ。塾もないような田舎ではなく、都会の予備校で勉強すれば、自分はもっとずっと成績が伸びるはずだという、妙な自信があったのである。そこで、高校を卒業すると予備校に通うために、広島で一人暮らしを始めた。

私の学年は約三〇〇人で、浪人は私ともう一人だけ。

翌年結果を出さなければ、家族にも大学生になっている友だちにも合わせる顔がないというプレッシャーは、想像以上に重くのしかかった。それを振り払おうと毎日必死で勉強するものの、成績は思ったようには上がってこない。

それでも最初のうちはまだよかった。だが、夏が過ぎ、秋が深まっても、第一志望の合格判定が基準まで達しないことが多いと、さすがに焦ってくる。

そのとき**救いを求めたのが、本だった。**

下宿の近くにある書店に行って、精神論や人生論のコーナーから、いまの自分の気持ちにふさわしいタイトルの本を買ってきてはむさぼり読む。

そのなかでも、とくに自分を励まし、勇気づけてくれたのが、**起業家のストーリー**だった。

苦労して商売を軌道に乗せたのに、関東大震災で二人の子どもと工場を失うが、へこたれずそこから再起を果たしたシャープの早川徳次氏。

戦後GHQから財閥解体の対象とされ、自身も公職追放となりながら、一から出直し

「世界の松下（現パナソニック）」を築いた松下幸之助氏。

その他にも京セラの稲盛和夫氏やソニーの盛田昭夫氏、安岡正篤氏の著作など、何度も何度も読み返した。いまでも細部に至るまで鮮明に記憶しているほどだ。

そのとき、彼らから教わったのが、**どんな困難を前にしても決して諦《あきら》めず、歩みを止めない**というところだった。

これがいまでも私の生きるうえでの基礎となっている。

そして、自分もそんな起業家たちのような生き方をしたいという思いが、私のなかに芽生え始めたのも、この浪人時代だったのである。

36 ホンダ、ソニーへの憧れ

私は浪人時代、京都大学を目指して一心不乱に勉強していた。

しかし私は受験勉強ではいつも手ひどく失敗している。このときも京都大学には受からず、非常に落ち込んで、二浪しようと真剣に考えた。しかし経済状況が許さず、合格した九州大学に入学することにした。

大学では応用化学を専攻した。

地元の山口県には化学メーカーが多いため、大手鉄鋼会社に勤めていた父親の、故郷に戻れという意見に従ったのだ。このころはまだ父親の価値観から抜け出られていなかったのである。

正直、化学に対する思い入れはほとんどなかった。だから、大学時代に印象に残っていることといったら、授業以外のことばかりだ。

浪人時代に引き続き、起業家の本はよく読んでいた。

実際に会社をつくってビジネスをしている人に会いたくて、そういう人たちが参加するセミナーにもしばしば足を運んだ。

それから、大学生のうちに世界をみておきたいと、海外旅行にも行くようになった。大学二年の終わりになって、最初に訪れた外国はアメリカ。

時はバブルの真っ最中。

日本経済は絶好調で、ロサンゼルスの街を歩くとホンダやソニーの大きな看板が燦然《さんぜん》と輝いている。初めは小さな日本の町工場でも、こうして世界を獲ることができるのだ。それをみて私は感動しないわけにはいかなかった。

その後は**バックパッカー**だ。

ブラジル、ペルー、パタゴニア、エジプト、南アフリカ、ロシア、ベトナム、タイ……興味に任せて世界中を歩き回った。

それまでは名前しか知らなかった国や地域が、実際に訪れることで立体的になり、自分のなかにさまざまな情報が蓄積されていく。そして、世界にはいろいろな価値観や文化や常識があるということが、実体験を通してわかってくると、同時に日本のことが客観的にみられるようになってくる。

実際に**自分の足で世界を歩くことが、グローバル感覚を手に入れる最良の方法**なのだ。

当時はそんな自覚はなかったが、いまになって大学時代に海外旅行を通して身につけたこの感覚が、仕事でずいぶん役に立っていると気づかされる。

こうして、就職を考えるころには、

①人生を楽しむ

②**世界で戦う**

③**大を成す**

という人生の指針が固まった。就職するなら、この三つが実現できる企業にしようと決めたのだ。

だが、このときはまだ起業という選択肢は頭の片隅にすら存在していなかった。

なぜなら、息子が起業するなんてことを、絶対権力者である父親が許す可能性は、万に一つもないとわかっていたからだ。

父は一言でいうと、わが家で『巨人の星』の星一徹のような存在だった。

私の父方の祖父は、かつて木材業の会社を立ち上げて大成功を収めていた。しかし父が中学校に上がったころ、石炭から石油という産業構造の変化が起き、祖父の会社は倒産した。

詳しい話は聞けないが、その当時、父の家族は大変な苦労をしたという。

だからこそ、私の父親は「自分で事業を始めるのだけは絶対にやめろ」というのが口癖だった。

37
私が大企業に就職し、辞めた理由

先の三つの指針にかなうのは、世界を渡り歩くビジネスパーソンだと思い、早々に私は理系就職から文系就職に舵を切った。

ホンダ、ソニー、キヤノンのようなグローバル企業を候補に挙げていたのだが、父親に相談すると、どの企業にも首を縦に振ってくれない。

たとえ一流企業でも、地元に縁のないところは認めないというのが父の意見であり、これに対し私に反論の余地はなかった。

その後何度か話し合ったすえ、許されたのが某大手通信会社。情報通信ならかろうじて世界につながるかもしれないと、私も納得したつもりだった。

ところが、その会社には何度面接に行っても、**どうしてもそこで働きたいという気持ちになれない。**私は、まだ起業家になろうとは思っていなかったが、組織のなかで起業家のように働きたいとは考えていた。

だから、上司の顔色をうかがったり、ゴマをすったりする「サラリーマン」ではなく、プロ野球選手のように実力本位で勝負する、プロのビジネスパーソンたちが集まる会社でなければ嫌だったのだ。

しかし、その会社の面接官の話を聞いていると、やる気があるのがいけないことのように思えてくるのである。

それで最終面接の直前に、とうとう断りの連絡を入れてしまった。

ただ、それからが大変だった。すでにどこの企業も採用が終わっていて、銀行、証券、生損保くらいしか選択肢が残っていないのだ。

もう、こうなったらありのままの自分を買ってくれるところにしよう。

そう思って、これはという企業に電話を掛けまくり、会ってくれたところで、自分はこういう仕事の仕方をしたいのだということを正直に話した。そして、いちばん評価してくれた**住友海上火災保険**に入社を決めたのである。

幸い、住友海上は山口県にも支店があったので、父親もなんとか納得してくれた。

入社後に配属されたのは商品企画・経営企画を行う部署。住友海上でもいちばん厳しい部署で、尊敬できる優秀な先輩がたくさんいた。私は土日も勝手に出社し、年に四、五日しか休みをとらないほど仕事をした。ものすごくハードだったが、毎日は充実していた。なぜなら、まさにそこは私の望んでいたプロフェッショナルの集団だったからだ。

そこで私は徹底的にプロ意識を叩き込まれた。おかげで、プロのビジネスパーソンとして成長することができたと思っている。だから、いまでも住友海上に就職したのは間違いではなかったと自信を持っていえる。当時の職場の人たちにも感謝している。

だが、そこで数年働いているうちに、だんだんと仕事がもの足りなくなってきた。もっとエキサイティングなことがやりたいという渇望感が膨らみ、制御が利かなくなってきた。

そんなあるとき、若手の社員が集められ、「これから損保が自由化されるにあたり、当社はどうすべきか」というテーマで意見を求められた。これは仕事をおもしろくするチャンスだ。そう思った私は、日ごろから考えていることを遠慮なく発言した。

若手といってもそれなりに実績も上げている。いくつかの提案はきっと検討してくれるだろう。

しかし、私は甘かった。

私の話を聞いた社長室次長のコメントに、私はショックを受ける。

「興味深くはあるけど、君と違って僕には妻や子どもがいるから、そんなリスクはとれない。役員に話しても、そもそも理解を示す人は誰もいないんじゃないかな」

この瞬間、**私と、会社の間の糸がプツンと切れてしまった。**

もう私には起業しか残されていない。だったらシリコンバレーだ。

それからほどなく会社に辞表を出す。このときはもう父親には相談しなかった。

38

父親との絶縁と決意

私は、自分がこれからどのような人生を歩んでいきたいか、自分の人生を振り返った。いままで私は、人生の選択を何度も間違えてしまった。

その原因とは、自分の人生を自分で選んでいないからだ。

私の人生の重要な選択は、すべて父親の強い影響の下、決められてきたのだった。

だからこそ今回は、父親のいうことはすべて無視しようと決めた。

そう決めると、いままでずっと抑えていた起業家になりたいという想いが、自分でも驚くほど強くわき上がってきた。

私がやりたかったのは、あれだけ父親に禁じられてきた、自分で事業をやるということだったのである。

ただそうはいってても育ててもらった恩があるので、会社を辞めたことについて父に報告をすると、父は顔色を失った。

何かいおうとするが、怒りと驚きで言葉にならない。しばらくして、ようやく絞り出すようにこういった。

「お前とは、今日かぎり親子の縁を切る」

その後ろでは母が泣き崩れている。

修羅場だった。

当時、私は結婚を予定していたのだが、義理の母からも、

「娘をどうしてくれるの。まったくとんでもない男に引っかかってしまった」

と面と向かって文句をいわれる始末。

まさに四面楚歌《しめんそか》である。

私にも気持ちは理解できる。しかし前向きにチャレンジしようとする者に対して、この世の中はあまりにも否定的すぎるんじゃないか。

この挑戦が間違っていないことを証明するには、結果を出すしかない。

実際、**私の前に、それ以外の道は残されていなかった**（このとき、それでも私と一緒に生きていくと決めてくれた妻には、今でも本当に感謝している）。

そして私はシリコンバレーに向かうのだが、MBAを取得する段階で早くもつまずく。退職後に猛勉強したにもかかわらず、希望の大学に入れなかったのだ。

入学が許可されたのは、西海岸から遠く離れたアリゾナのサンダーバード大学。私はそこでMBAを取り、ようやく念願のシリコンバレーにたどり着いた。

ここから**死に物狂いの日々が始まった。**

日本で挑戦を否定され、MBAの受験にも失敗していた私は、仕事では誰にも負けるものかという決死の覚悟があった。

ただ、アメリカでは現地の人ですら、職を得るのは難しい。日本人の私にはなおさら至難の業であった。

そこで知人を通して、日本に親会社のあるインキュベーションの会社が、シリコンバレーから撤退するという情報を得ると、撤退するなら私に経営をやらせてほしいと親会社の社長に談判し、承諾を得て社長に就任する。

ただし、実体は名前を借りただけのまったくの手弁当。給料は自分で稼ぐというのが条件だった。留学直後でまったくお金がなく、日々、ハンバーガーとパン暮らし。

何も案件がないなかで、常に次の仕事を取っていかないと、文字どおりご飯が食べられなかった。シリコンバレーで生き残るか、日本に帰るのかという瀬戸際の状況が続き、とにかくやるしかなかった。当時はまだ内気だったが、交流会などに出席すると、必ず全員と名刺交換して仕事のチャンスを窺った。

そこでは、日本人アントレプレナーがシリコンバレーで会社を立ち上げたり、逆にアメリカのベンチャーがアジアに進出する拠点をつくったりするのを支援する事業を、五年間行った。

コンサルティングだけでなく、基本はハンズオン、つまり実際の実務にも参加するというスタイルだったので、ベンチャーの可能性や、必ずぶつかる壁などが手に取るようにわかった。この期間に蓄積したベンチャー経営のノウハウは、いまでも私の貴重な財産だ。

そんななか、**手痛い失敗**も経験している。

あるとき、日本企業の子会社にいた技術者から独立したいという相談を受けた。そこで話を聞いてみると、彼の取り組んでいる分野や技術には、たしかに大きな将来性がある。当時、競争力のある日本の技術を前面に出して世界市場に進出するというビジネスモデルを考えていた私は、これは絶好の機会だと、彼と組んでベンチャーを起こすことにした。

ところが、二億円の資金調達の話もまとまり、さあこれからという段になって、技術者が突然前言を翻し、独立をやめるといい出した。どうやら、それまで大口の取引先だった企業から、できたばかりのベンチャーとはつきあえないといわれ、それで腰が引けてしまったらしい。

私はそれまでの経験から、彼の技術なら、一から取引先を開拓しても十分ビジネスは成立すると踏んでいたので、彼を説得したのだが、日本人の彼にとってリスクは恐怖以外の何ものでもなかった。

結局、すっかり自信をなくした彼は、帰国して、ソニーへ入ってしまった。

彼の技術がなければこの話は成立しない。計画は中止せざるを得ず、このベンチャーに懸けていた私は、まるで自分が**足元から崩れ落ちるような**喪失感と無力感に包まれ、それから数カ月、立ち直ることができなかった。

39 シリコンバレーでみえた自分の使命

私はアメリカに渡ってから、一度は本気で永住を考え、実際にグリーンカードも申請していた。

しかしシリコンバレーでインキュベーター代表をやり、ベンチャー企業の立ち上げや経営にかかわっているうち、私は、自らが為すべき**「使命」**が少しずつみえてきた。

それが**日本発のメガベンチャーを生みだしたい**ということだった。

私がその使命を持つに至ったのは、いくつかの要因がある。

大企業を飛び出した当初、私はただのベンチャー好きな青年に過ぎなかった。

しかしその挑戦に対して、周囲からボロボロに否定されてきた。

「挑戦に否定的な社会を変えたい」という想いが、私の出発点だった。

また実際に企業の経営に携わっていると、いつもギリギリの決断を要求された。従業員を解雇せねばならないときもあるし、判断を誤れば会社が潰れてしまう可能性もある。また自分のアイデンティティとして日本のことを理解しないと、他者とコミュニケーションをとるのが難しい。

そのときに心の支えとなったのが、渋沢栄一、小林一三、松永安左衛門、鳥井信治郎、出光佐三といった、明治、大正、昭和と活躍した起業家たちの伝記だ。彼らは動乱の時代に生まれ、私たちとは比べ物にならない、まさに命懸けの決断を繰り返しながらも、数多くの事業を創り上げ、日本を発展させてきた。

他にも日露戦争を描いた『坂の上の雲』や、第二次大戦中の山口多聞、ＧＨＱと対等に渡りあった白洲次郎、戦後の荒廃から日本を立て直した井深大、本田宗一郎など、ありとあらゆる著作を読み漁った。

彼らに共通するのは、**「自分の能力に限界はない」**と思い込んでいたことだ。

そしてそのような日本の偉人たちと、シリコンバレーでメガベンチャーを生み出すアントレプレナーの姿が重なってみえた。

シリコンバレーでも超一級のベンチャー経営者は、先に挙げた起業家と同様、社会をよりよくしたいという信念を持って、働いている。そうして生み出されたメガベンチャーが、雇用を促進し、国の税収を上昇させ、国際社会において国力をつけることに寄与してきた。そしてメガベンチャーが生まれることで、そこからのスピンアウトによって産業クラスターが創造されるということを、シリコンバレーの歴史と目の前の事実から学んだ。

しかし、アメリカでは次々に新しい産業分野が生まれ、新興企業が有力企業へと成長しているのに対して、日本の産業構造だけが旧態依然としている。

明治時代の日本人にできて、現代のシリコンバレーの経営者や、台湾、韓国、中国の起業家も行っていることが、いまの日本人にできないはずがない。

そう思うと、いまの日本の置かれている状況が、非常に悔しく思えてきた。海外で日本人として生きることで、いつの間にか日本人としての自覚やアイデンティティも強化されていたのだ。

いまの日本の若者をみても、世界と比べて決して能力で劣ってはいない。**問題なのは縮こまっているマインドだけだ。**世界に挑戦することをハードルが高いと思い込んでしまい、世界で一番になろうという発想が出てこない。

その意識を変えるには、誰かが一つ成功事例をつくって、自分たちにもできるということを結果で証明し、天井を突き抜けるしかない。

そうして私は日本発のメガベンチャーをつくりたいと思うようになった。私と同じ経験をしてきた者はほかにいない。私がやらなければ誰がやるのだ。

メガベンチャーを生み出す環境のうえで、いまの日本とシリコンバレーの最大の違いが、**組織の中にプロフェッショナルがいるかどうかだ。**

日本のベンチャーはその大半が、社長の想いから始まっている。

だから、どうしても社長一人が偉くて、他の社員はその社長の手足となって動くだけというような組織になってしまう。これでは会社は個人商店の域を出られないから、メガベンチャーなど夢のまた夢だ。

ところが、シリコンバレーでは、ベンチャーは立ち上げの段階で、組織の仕組みづくりや資金調達、市場拡大などのフレームワークができている。また、CEO（最高経営責任者）、COO（最高執行責任者）、CFO（最高財務責任者）、CTO（最高技術責任者）といった組織の中枢には、あらかじめ実績のあるプロフェッショナルが配置されているのが普通だ。

私の友人が所属していた会社では、開発責任者はIBMの中央研究所所長、マーケティングはサンマイクロシステムズの営業部長、財務はプライスウォーターのマネージャーが担っていた。各分野のプロフェッショナルを集めたうえで、日本のベンチャーの一〇倍の資金を調達して事業を開始するのだ。

こういう状態でスタートするのだから、徒手空拳で社長の想いのまま突っ走る日本のベンチャーに比べれば、成功率が高いのは当然だといえよう。

けれども、こうも考えられる。

日本のアントレプレナーの多くがそういうシリコンバレー型の起業スタイルを間近にみて覚え、自分でも実行するようになったら、同じように成功確率が高まる。そうすれば、日本からもアップルやフェイスブックのようなメガベンチャーが生まれてもおかしくない。

つまり、**日本のアントレプレナーやベンチャーには、まだまだ大きな希望が秘められているのである。**

40

テラモーターズの目指す未来

シリコンバレーでは、ベンチャーのインキュベーションをやりながら、自分のベンチャーを立ち上げるチャンスを虎視眈々《こしたんたん》と狙っていた。

最初は日本のコア技術にこだわっていたが、一緒にビジネスができる日本人技術者を探し出すというのは想像以上に難しく、途中からイノベーションを起こせる事業に視点を変えて、事業分野を探し始めた。

しかし、求める事業はなかなかみつからない。

もっともそんなに簡単にみつかるものなら、誰もがスティーブ・ジョブズになれてしまうのだから、それは当たり前だ。それでもいま振り返ると、事業を探しあぐね悶々《もんもん》としていたこの時期は、人生のなかで最も苦しかったといってもいいかもしれない。

それまでも浪人、京大不合格、スタンフォード大学のＭＢＡ不合格、ビジネスパートナーに予定していた技術者に逃げられるなど数々の挫折を重ね、目的地に向かう道は決して平坦ではないのだと身をもって知っていたので、このときも耐えることができた。

事業が見つかるきっかけは、シリコンバレーの友人との会話だった。

「最近みんな何をやっているの？」

と尋ねたところ、ＩＴをやっていた連中が、続々とＥＶ（電気自動車）を手掛けているという話を聞くことができたのだった。

いろいろ調べているうちに、それこそ破壊的イノベーションを起こせる可能性が、ＥＶには秘められていると理解した。

ついに理想の事業に出会った瞬間だった。

私はそう確信し、二〇一〇年に**テラモーターズを設立する。**

資本金は自前の二〇〇〇万円。

事務所は渋谷の雑居ビルにあるレンタルオフィスの一角。

その後、二度の第三者割当増資を行い、資本金は六億六二一〇万円となったが、事務所は相変わらず四畳半のままである。そこに一六名の社員が詰めているので、オフィスは足の踏み場もない。けれども別に業務に支障は出ていないし、男ばかりなので不都合もないから、当分このまま行くつもりだ。

ちなみに**「テラ」**というのは、**「地球」**を意味するラテン語。

「地球環境を守る」と「地球規模の会社になる」という二つの意味を込めて私が命名した。

創業二年目の二〇一一年には、国内トップとなる三〇〇〇台を販売し、現在も電動バイク市場ではトップを独走している。

また、二〇一三年からは、いよいよ先進的なデザインを備え、ＩＴと連携する新しいモデルを売り出す。生産拠点は現在建設中のベトナム工場だ。いま、ようやく〇から一を立ち上げられた。次は一から一〇〇をつくり上げる段階だ。

私が目指すのはあくまで**世界ナンバーワン**。

そのためには電動バイクの主戦場であるアジアを制覇しなければならない。その準備は着々と整っている。

市場がいちばん大きいのは中国だが、ここでは壊れたら乗り換えるというスタイルが定着しているため、販売価格が売上を左右する特殊なマーケットとなっている。私たちは安売り競争には参加するつもりはないので、中国に関してはしばらく様子をみるつもりだ。

いま考えているのは、日本ブランドがガソリンバイク市場の九割を占め、日本企業の信頼が厚い東南アジアと台湾、まずここの電動バイク市場を押さえる。

この電動バイクに加え、現在フィリピンで入札中の**「EVタクシー」**がある。

入札で勝ってフィリピン市場を押さえたら、同じ車体を使い、ボディのデザインを変えて、他の東南アジア諸国でも販売する予定だ。

電動バイクにしても、「EVタクシー」にしても、環境問題やエネルギーコストを考えたら、これからアジアの市場が拡大するのは間違いない。

そして、その先にあるビジョンは、テラモーターズがアジアのグローバルリーダー輩出企業となることだ。

テラモーターズでは、年齢や性別、国籍によって社員を差別することなく、平等に機会を与える。

そうやって、アジアの優秀な人材がテラモーターズで鍛えられ、次の場所で新たなメガベンチャーを起こす流れができれば、アジア全体に産業をつくることができる。

これこそがテラモーターズの目指す未来。

だからこそ、私たちは必ず日本発のメガベンチャーにならなければならないのだ。

コラム
テラモーターズ社員インタビュー①

林　信吾

二五歳。　早稲田大学スポーツ科学部卒業。
二〇一〇年四月より第一号インターンとして入社。
二〇一一年四月に正式に社員として登用される。
二〇一一年七月からはベトナム駐在に従事。

――テラモーターズに入社した理由を教えてください。

林　すでにいろいろなことができあがってしまっている大企業は、性格的に自分には向いていないと思い、就職先としてベンチャー企業をいくつか調べていました。

ところが、ベンチャーといえばＩＴですが、どうも私の目には、ＩＴ業界はあまり魅力的に映らなかった。一〇年前なら飛び込んでみたいと思ったかもしれませんが、いまはグリー、ＤｅＮＡ、楽天、サイバーエージェントなどが市場を支配していて、後発のベンチャーが彼らを上回るぐらいのベンチャー企業になるということが想像しにくく、あまりモチベーションが湧きませんでした。

私はもっと、「これから時代を切り拓いていくようなベンチャーで働きたい」そう思っていました。そんなとき、ある人材紹介会社でぴったりの会社があると教えてもらったのが、テラモーターズだったのです。

――電動バイクについて知識はありましたか？

林　それが、まったくなんです。ただ、最初の面接で、徳重社長からまるまる四時間、テラモーターズの事業コンセプトや、ＥＶについて説明してもらって、理解が一気に深まると同時に、ものすごく可能性を感じることができました。最終的には、この仕事に懸ける社長の本気度合いに共鳴して、入社を決めました。

まったくの素人の私にＥＶについて解説するのに、社長は専門書を五、六冊持ってきました。それで、私が質問すると、「それはこういうことです」と、回答となる部分を間髪いれずに開く。何十回も読み込んで、どこに何が書いてあるかすべて頭に入っていなければできない芸当です。それまで何人もの社長に会いましたが、自分のビジネスにこれほど真剣に取り組んでいる人はいませんでした。それで、この人とぜひ一緒にやりたいと思ったのです。

——一年間のインターンシップを経て正社員になった後、わずか三カ月でベトナム駐在ですね。不安はありませんでしたか？

林　決まったのは五月です。誕生日の前日に社長から電話があり、明日の朝八時に会社に来るよういわれ、翌日出社するとその場でベトナム駐在を命じられました。「テラで一年やると大企業では四年目ぐらいになるので大丈夫だ」といわれましたがそれでも不安でしたよ。

テラモーターズで最初の海外駐在員なので、前任者もいなければ事務所もありません。しかも、現地工場の稼働準備や市場調査、部品調達ルートや販売ネットワークの構築など、会社にとっても重要なミッションをたった一人で行わなければならないのです。でも、大手に就職した友人たちがまだ研修中の時期に、こんなやりがいのある仕事をいきなり任せてもらえるのはうれしい限りです。二つ返事でＯＫをして、覚悟を決めました。

——ベトナムでの平均的な一日を教えてください。

林　朝は七時に起き、朝食を摂ったらすぐに仕事です。住んでいるアパートが事務所兼用なので、出社する必要はありません。メールやニュースをチェックし、雑務を片づけたら、地元の広告会社、人材会社、市場調査会社などを訪問します。
現地の会社はだいたい午後五時には閉まるので、その後はカフェや屋台に場所を替え、そこで人と会う。ボールは壁にぶつけないと跳ね返ってきません。とにかくできるだけ多くの人と話し、そこからビジネスに必要な情報を引き出すことが、現在の最も重要な仕事だと思っています。

――言葉の問題はありませんか？

林　ビジネスは基本的に英語なので、とくに不自由は感じていません。ただ、公用語はベトナム語ですから、ベトナム人が三人いると最初は英語でも、途中からベトナム語になってしまうケースが多く、そうなるともう入っていけないじゃないですか。それで、いまはベトナム語も勉強しています。

――日本企業の評判はどうですか？

林　日本の製品は品質がよくて壊れないので、ソニー、パナソニック、トヨタ、ホンダ、ヤマハなどのブランドはたいへん信頼されています。

ただ、家電に関してはサムスン、ＬＧといった韓国の勢いが強く、年長者はまだ日本ブランド信仰が根強いものの、若者は韓国製もこだわりなく使っているようです。バイクはホンダ、ヤマハの日本ブランドがほぼ市場を独占しています。自動車は韓国の現代（ヒュンダイ）、起亜（キア）が最近かなり頑張っているみたいです。

ただ、日本の製品やブランドが信頼されている一方で、駐在員に関しては、あまりいい評価は聞こえてきません。話をしても、時間ばかりかかって何も決まらない、会社のお金でぜいたくな暮らしをしているのに現地の社員への給料にはシビアだというのが、現地の人の日本の駐在員評です。彼らは本社から決定権を与えられていないので、どうしてもそうなってしまうのですが、現地の人はみな、日本人とはビジネスがやりにくいと思っています。

――林さんはベトナムに来てかれこれ一年半ですね。この間かなり成長できましたか？

林　そうですね。現地の不動産屋さんでアパートを探すところから全部一人でやってきたので、これからどこの国に行っても、法人を立ち上げネットワークや市場調査をやれるくらいの実力はついたと思っています。

それから、こちらでは政府高官などかなりポジションの高い人たちと会うことも少なくありません。それは現地では私がテラモーターズの代表の役目を担っているからですが、おかげでかなり度胸はついた気がします。

——ご自身の将来はどのように考えていますか？

林　テラモーターズで経験を積んで、ゆくゆくは国際的なスポーツビジネスにかかわってみたいと考えています。とくにサッカーが好きなので、マンチェスター・ユナイテッドのようなビッグクラブの経営をやってみたいです。

それから、大学時代バングラデシュのグラミン銀行を訪れ、それ以来、世界の貧困問題の解決は常に頭にあります。貧困地域に雇用を生み出すような事業を起こすこと、これも私のキャリアプランの一つに入っています。

コラム
テラモーターズ
社員インタビュー②

関　鉄平

二三歳。慶應大学経済学部卒業。
二〇一一年二月インターンにてテラに関わる。
二〇一二年四月入社。
二〇一二年六月フィリピン駐在となる。

――テラモーターズと出会ったきっかけは何ですか？

関　学生時代は、バックパッカーをしながら、映画監督を目指していました。世界にメッセージを伝える媒体として、映画は力があると思ったのです。それで、映画会社でアルバイトもしたのですが、そこで製作現場特有の上下関係の厳しさに耐えられず、結局映画監督は諦《あきら》めました。

さて、将来何をやろうとあらためて考えると、世界を放浪しているとき知り合った人に、自分が日本人だというと、必ず相手の口からソニー、ホンダ、トヨタ、パナソニックといった日本の企業名が出てくることを思い出しました。それで、そういった世界に浸透している企業に入れば、自分が映画でやりたかったことを仕事を通してできるかもしれないと思ったのです。
ところが、大学のOB五〇人以上に話を聴いてもどうも大企業からは、私が期待しているような情熱が伝わってきません。そこで、ベンチャーの研究を始め、なかでもいちばん魅力的な企業がテラモーターズだったのです。

――その魅力とは具体的にいうと?

関　まず、EVという分野の将来性。それから、EVなら日本企業が勝てるという確信。そして、なんといっても徳重社長の本気。その後、一年間テラモーターズでインターンをやってみても、その魅力はまったく変わりませんでした。

――大手企業に就職することは、まったく考えなかったのですか?

関　実は、某大手商社からもほぼ内定をいただいていました。ただ、私は二〇代にどれくらい成長できるかが、人生を大きく左右すると思っていたので、その商社の人に会って話を聞いてみたところ、二〇代では仕事らしい仕事はやらせてもらえないという返事がほとんどでした。これでは入ってもしょうがありません。それで内定は辞退しました。

二〇代はいまの会社で徹底的に鍛えて力をつけます。そして、三〇代で、テラモーターズのように世界にインパクトを与えるベンチャーを立ち上げる。そのときはいま、培っている経験や人脈、あるいは資金を元手にしていくつもりです。

――フィリピンではどのような仕事をしているのですか？

関　いちばん重要なのは、現在入札中の「ＥＶタクシー」の受注を決めることです。また、それに備えて部品調達先や、製造、販売パートナーの選定なども行っています。

――一日のタイムスケジュールは？

関　中心は仕事の関係者に会うことです。多いのは製造や販売、ＰＲ会社の人たち。それから、私は慶應大学の出身なので、現地の三田会のメンバーと会うときもあります。彼らにはずいぶん助けられました。こんな感じで、だいたい毎日アポイントメントが三から五つ入っています。午後五時にいったん事務所兼アパートに戻ると、食事をして、それからは近くのカフェで深夜まで事務処理。これが月から土曜日まで続きます。日曜は、専門書を読みながら部品や技術の勉強です。

――フィリピンに来てみて、最も苦労しているのはどんなことですか？

関　現地の人とのビジネス・コミュニケーションです。日本だと、相手が「できます」といえば、たいていはちゃんとやってもらえます。ところが、フィリピンでは、できるといったことが九五％できないのです。このカルチャーの違いに面食らいました。

それから、交流会などで一緒になるアメリカ人や中国人は、どう思われるかなどおかまいなしに、名刺を配り自分をアピールしていきます。しかし、日本人の自分は、どうしてもそこまでできない。他の人と会話をしているところに割り込んでいったら失礼なやつと思われてしまうというように、あれこれ考え空気を読んでしまうのです。

もちろんそれが日本人のよさでもあるのですが、それでも、ビジネスの局面で、中国人のように図々しく振る舞えない自分が、悔しく思うことも多々あります。

――フィリピンのビジネス言語は英語ですね。英語は問題ありませんか？

関　私は学生時代、将来世界で働きたいと思っていたので、海外に行ったり留学生と話したり、英語力をつけることは意識してやってきました。まったくの独学でしたが、いまのところとくに困ることはありません。

――最近はTOEICの点数を重視する企業が増えていますが、海外でビジネスをする際、英語力はそれほど気にする必要はないということでしょうか？

関　最低限の英語力はやはりないとビジネスになりません。あとは交渉力ですね。交渉力というのは、要するに相手を知ることです。相手は何を欲しがっていて、それをどのタイミングで渡せば喜ぶのか。本当に譲れない線はどこなのか。そういうことを質問をしながら、返ってきた答えで瞬時に判断する。そういうことができるのが、交渉力があるということです。

これはマニュアル化できません。場数を踏んで体で覚えていくしかないと思います。

――フィリピンに来て四カ月です。順調に成長していますか？

関　そうですね。毎日実感があるわけではありませんが、四カ月前に自分が何を考え、どんなことをしていたかと比べると、やはり圧倒的に成長していると思います。

――入札が決まったあとも、忙しくなりそうですね？

関　はい。入札後は民間ベースでフィリピン国内及びアジア諸国で展開予定です。

実は、フィリピンでの入札に先立って記者会見を開いたのですが、その前日に父が亡くなりました。でも、家族は私に気を使って、会見が終わるまでそのことを私に連絡しなかったのです。

あとで私のほうから電話をかけて、それで父の死を知り、社長にも帰れといわれて、帰国して家に戻ると、父の書斎にテラモーターズの記事がすべてスクラップされているのを見つけました。

実は、テラモーターズに入社を決めたときは、家族が大反対するなか、父だけはずっと応援してくれていました。自分もベンチャーで働いていたので、ずっと気にしてくれていて、パソコンの履歴には私のフェイスブックを毎日チェックしている跡が残されていました。

だから、父への恩返しのためにもどんなに大変でも、私は頑張らなきゃダメなんですよ。

おわりに

空を見上げ、目を凝らそう！　まだまだ日本は可能性に満ちている！

『坂の上の雲』

「近代」という坂の上に浮かぶ雲を目指す明治の日本人を描いた、司馬遼太郎の名作。私の愛読書だ。

日露戦争は、どうみても日本にとって分の悪い戦いだった。弱小国の日本が大国ロシアに勝てる可能性は、万に一つもなかったといってもいい。

だが、日本人はその不利な戦いを前に決して諦《あきら》めず、どうしたら勝利できるかを必死で考えた。

ロシアと戦火を交える前に、外務大臣の小村寿太郎がイギリスと話をまとめ日英同盟を結ぶ。日本銀行副総裁の高橋是清《たかはしこれきよ》は、イギリスの銀行家やユダヤ人実業家と交渉して戦費を調達してくる。明石元二郎大佐はストックホルムで諜報活動を行い、ロシア革命を側面から支援、治安を不穏にして内部からの弱体化を図る。海軍トップの山本権兵衛は大胆なリストラを行い、若くて優秀な人間の登用を決める。

現場では児玉源太郎や秋山好古《よしふる》、真之《さねゆき》兄弟らが緻密な戦略と大胆な作戦で、ロシア軍を次々と撃破していく。

そして、激戦の末、日露戦争は、日本の勝利で幕を閉じた。

理詰めの戦略と、要所要所を任されたプロフェッショナルたちの八面六臂《はちめんろっぴ》の活躍。さらに、この国を絶対に滅ぼしてなるものかという現場の一人ひとりの気概。これらが不可能を可能にしたのである。

世界は、そんな奇跡を成し遂げた日本人の底力に舌を巻いた。

当時の日本人のプロフェッショナルな姿勢、パッションとロジックを併せ持つ姿は、まさにテラモータースの目指す経営スタイルと同じである。


ところが、いまのこの国の人たちをみていると、本当にあのころと同じ日本人なのだろうかと思わず考えてしまう。

経済の低迷が続く間に、いつの間にか人も企業も無力感に覆われてしまった。中国や韓国などのアジアの新興国が日に日に存在感を増しているのと対照的だ。

日本はこのまま秋の夕日のように、沈んでいくしかないのだろうか。


そんなことはないはずだ。

海外に行けば、日本企業の技術の高さや、製品の優秀性は誰もが知っている。日本人の勤勉さやチームワーク、仕事に取り組むまじめな姿勢は、どの国に行っても尊敬の対象以外の何ものでもない。

ためしに、閉塞感でいっぱいのこの国を飛び出し、自分の目で世界をみてきてほしい。私のいっていることが嘘ではないことがわかるはずだ。

私は、こういう素晴らしい技術と特性を持った日本人が、日露戦争のときのように、戦略を持ち、一人ひとりがプロフェッショナルとして二〇〇%の力を発揮し、さらに日本は負けないという気概を前面に出せば、中国にも韓国にも台湾にも東南アジア諸国にも、それからもちろん欧米にだって負けるはずがないと信じている。

そう、日本人は自信を失っているだけなのだ。

この国の近代化に汗を流した明治の人たちや、焼け跡の町工場を世界企業にしてみせた戦後の起業家など、日本には逆境を生き抜く手本となる人がたくさんいる。いまこそ、そういう人たちの本をぜひ一冊でも手に取り、読んでみてほしい。

彼らもまた同じ日本人なのである。近年はアメリカだけではなく、中国や韓国、台湾などのアジア圏でも、メガベンチャーは次々に現れている。だったら、私たちにだってできないはずはないではないか。

私は、それを証明してみせようと思っている。

そのためにテラモータースをつくったといっても過言ではない。

日本で生まれたベンチャーが、世界一のＥＶ企業になれば、それをみて自分たちもここまでやれるのだと気づく日本人が、たくさん出てくるはずだ。


そのときに、本書に記した私の経験や考え方が、多少なりとも参考になれば、こんなにうれしいことはない。

そして、そういう成功事例が一つでも多く現れ、後に続けと多くのベンチャーが世界に出ていくようになったら、いまの閉塞感などどこかに吹き飛び、世界への逆襲が始まるだろう。


空を見上げ、目を凝らしてほしい。

青い空に浮かぶ白い雲が私にはみえる。

本書を読み終えたみなさんの目にも、同じ雲が映っていることだろう。
さあ、みんなでその雲を目指そうじゃないか。

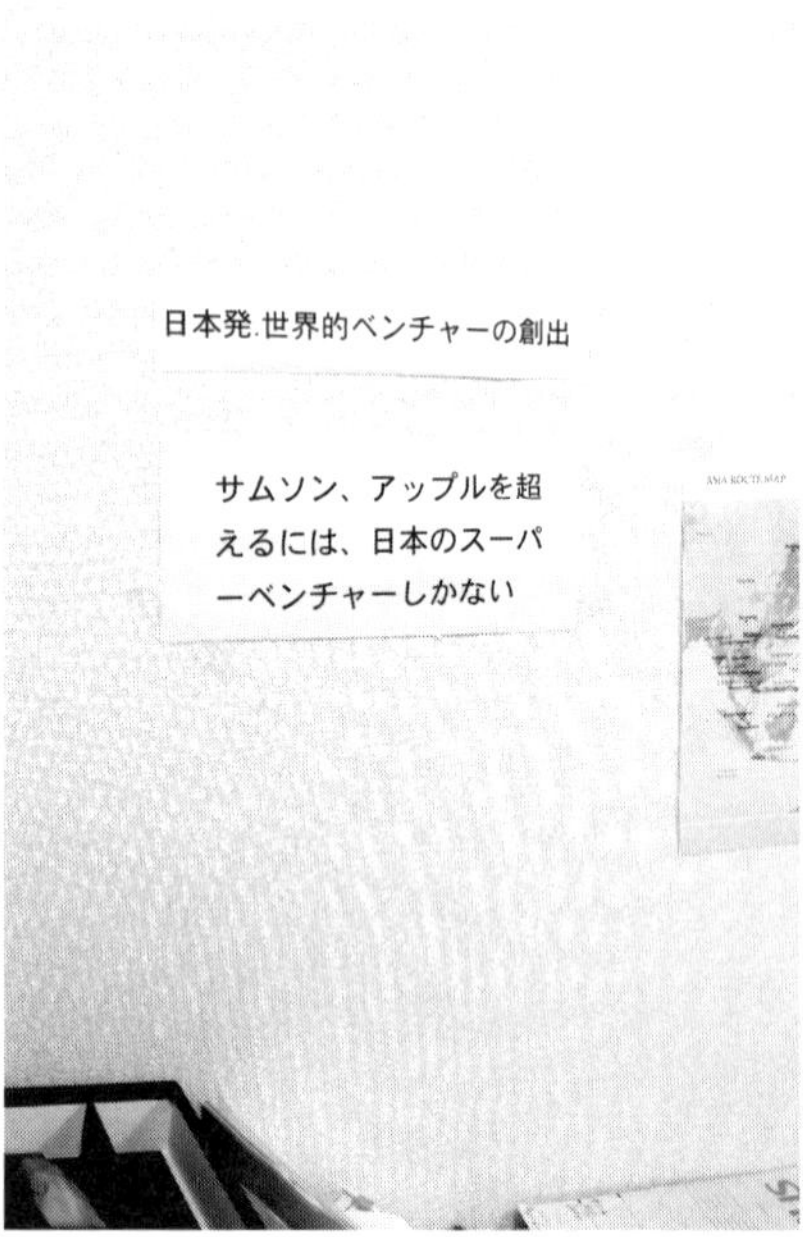
日本発.世界的ベンチャーの創出
サムソン、アップルを超えるには、日本のスーパーベンチャーしかない

テラモーターズのオフィスに掲げられている言葉

〈著者プロフィール〉
徳重 徹（とくしげ とおる）
Terra Motors 株式会社代表取締役。
1970 年生まれ、山口県出身。九州大学工学部卒。
住友海上火災保険株式会社（当時）にて商品企画・経営企画に従事。
退社後、自費留学で米 Thunderbird 経営大学院にて MBA を取得、シリコンバレーに渡り、コア技術ベンチャーの投資・ハンズオン支援を行う。事業の立上げ、企業再生に実績を残す。
2010 年 4 月に電動バイクのベンチャー企業 Terra Motors 株式会社を設立。設立 2 年で国内シェア No. 1 を獲得し、リーディングカンパニーとなる。
2012 年度にはベトナム、フィリピンに現地法人を設立し、はじめからグローバルに事業を展開している。
企業ビジョンとして「日本再生」を掲げ、世界市場で勝てる、日本発のメガベンチャーの創出を志す。

装 丁／石間淳
DTP／白石知美（株式会社システムタンク）
撮 影／稲垣純也

世界へ挑め！

2013 年 2 月 4 日　　初版発行
2023 年 10 月 6 日　　2 刷発行

著　者　徳重　徹
発行者　太田　宏
発行所　フォレスト出版株式会社
〒 162-0824 東京都新宿区揚場町 2 － 18　白宝ビル 7F
電話　03 - 5229 - 5750（営業）
　　　03 - 5229 - 5757（編集）
URL　http://www.forestpub.co.jp

印刷・製本　日経印刷株式会社

ISBN978-4-89451-550-5　Printed in Japan